Prevención de riesgos laborales nivel básico para el Sector Sanitario. CTRR0012

Vicente García Segura

Roberto Pérez Huguet

ic editorial

Prevención de riesgos laborales nivel básico para el Sector Sanitario. CTRR0012
© Vicente García Segura
© Roberto Pérez Huguet

1ª Edición

© IC Editorial, 2026

Editado por: IC Editorial
c/ Cueva de Viera, 2, Local 3
Centro Negocios CADI
29200 Antequera (Málaga)
Teléfono: 952 70 60 04
Fax: 952 84 55 03
Correo electrónico: iceditorial@iceditorial.com
Internet: www.iceditorial.com

ISBN: 979-13-7027-124-4
Depósito Legal: MA 116-2026

Impresión: PODiPrint
Impreso en Andalucía – España

Nota de la editorial: IC Editorial pertenece a Innovación y Cualificación S. L.

Especialidad formativa

Se entiende por especialidad formativa la agrupación de contenidos, competencias profesionales y especificaciones técnicas que responde a un conjunto de actividades de trabajo enmarcadas en una fase del proceso de producción y con funciones afines.

Las especialidades formativas de Uso General, Formación Complementaria, Formación Modular y las especialidades formativas dirigidas a la obtención de certificados de profesionalidad se incluyen en el Fichero de Especialidades del Servicio Público de Empleo Estatal para su gestión en todo el territorio nacional por cualquier Administración competente.

Las especialidades complementarias, pertenecen todas a la Familia profesional de Formación Complementaria (FCO) y tienen la consideración de formación transversal en áreas que se consideran prioritarias tanto en el marco de la Estrategia Europea para el Empleo y del Sistema Nacional de Empleo como en las directrices establecidas por la Unión Europea. Se consideran áreas prioritarias las relativas a tecnologías de la información y la comunicación, la prevención de riesgos laborales, la sensibilización en medio ambiente, la promoción de la igualdad, la orientación profesional y aquellas otras que se establezcan por la Administración competente.

Las especialidades de Certificado de profesionalidad tienen una duración especificada en su normativa reguladora.

En el resultado de la búsqueda, se muestran las unidades de competencia, todos los módulos formativos con su duración y las unidades formativas del certificado correspondiente, con su duración. Las horas del certificado, exclusivo de las especialidades de certificado de profesionalidad, con alta igual o superior a 2008, son las horas totales más las horas del módulo de Prácticas Profesionales no Laborales.

- **Si la especialidad tiene unidades formativas,** las horas totales, presencial, distancia, teleformación serán igual a la suma de esas horas de las unidades formativas de los distintos módulos, sin que se repita ninguna Unidad formativa.

⮕ **Si la especialidad no tiene unidades formativas,** las horas totales, presencial, distancia, teleformación serán igual a las sumas de esas horas de los módulos formativos, eliminando las horas de los módulos repetidos.

https://sede.sepe.gob.es/especialidadesformativas/RXBuscadorEFRED/BusquedaEspecialidades.do

(Fuente: Servicio Público de Empleo Estatal)

Índice

OBJETIVOS GENERALES

Los objetivos del título **Prevención de riesgos laborales nivel básico para el Sector Sanitario. CTRR0012,** son los siguientes:

- Aplicar los conceptos en materia de prevención de riesgos laborales (PRL) generales y específicos que acerquen al conocimiento de la ley, de los derechos y las obligaciones legales, de los riesgos y de las medidas preventivas.
- Identificar la normativa, las responsabilidades, los derechos y las obligaciones de empresarios, mandos y trabajadores en materia de prevención, comprendiendo los conceptos básicos sobre seguridad y salud en el trabajo.
- Diferenciar los riesgos generales en el entorno laboral y su prevención, las actuaciones preventivas básicas, su seguimiento y el control de las evaluaciones elementales de riesgos.
- Identificar los derechos y las obligaciones de los trabajadores en relación con la seguridad y la salud en el trabajo a fin de tomar conciencia sobre la importancia de involucrarse en la PRL.
- Establecer las pautas de la prevención en las actuaciones de primeros auxilios, emergencia y evacuación.
- Describir los principales riesgos propios del sector y, en concreto, aquellos riesgos específicos más importantes.

Identificación de los conceptos de seguridad y salud en el trabajo

Contenido

1. Introducción
2. Trabajo y la salud (riesgos profesionales
   y factores de riesgo)
3. Daños derivados del trabajo
   (los accidentes de trabajo y las enfermedades profesionales)
4. Marco normativo básico en materia de prevención de riesgos laborales. Derechos y deberes básicos en materia preventiva
5. Resumen

Objetivos

El objetivo general de esta Unidad de Aprendizaje es:

→ Identificar la normativa, las responsabilidades, los derechos y las obligaciones de empresarios, mandos y trabajadores en materia de prevención, comprendiendo los conceptos básicos sobre seguridad y salud en el trabajo.

Los objetivos específicos de esta Unidad de Aprendizaje son:

→ Definir los conceptos fundamentales de trabajo y salud, comprendiendo la importancia del equilibrio físico, mental y social en el bienestar de los trabajadores.
→ Identificar los principales riesgos profesionales y factores de riesgo presentes en los distintos entornos laborales, analizando cómo pueden derivar en daños para la salud.
→ Diferenciar los tipos de daños derivados del trabajo, reconociendo las características de los accidentes de trabajo, las enfermedades profesionales y otras patologías asociadas.
→ Conocer el marco normativo básico en materia de prevención de riesgos laborales, destacando los derechos y las obligaciones de empresarios y trabajadores según la Ley 31/1995 y la normativa complementaria.
→ Analizar una situación laboral para identificar riesgos y factores de riesgo, y proponer medidas preventivas de acuerdo con la Ley 31/1995 y la normativa relacionada.

1. Introducción

En el mundo de la prevención de riesgos laborales hay una serie de definiciones básicas que son muy importantes tanto para comprender la propia prevención como desde el punto de vista legal; entre las más destacadas están las definiciones de salud, accidente de trabajo y enfermedad profesional.

Por su lado, la normativa de prevención también es muy importante, más bien esencial, ya que marca pautas legales del sector, establece límites para la seguridad, etc. Destaca la Ley 31/1995, de 8 de noviembre, de Prevención de Riesgos Laborales.

Todo ello será analizado a continuación.

2. Trabajo y la salud (riesgos profesionales y factores de riesgo)

El trabajo y la salud son dos conceptos que están íntimamente relacionados.

Por un lado, está la **connotación positiva,** ya que el trabajo sirve a la persona para satisfacer necesidades fundamentales como alimentación, vivienda, etc. También cubre otras necesidades (realización personal, estatus social, etc.) que, aunque no son tan importantes como las anteriores, permiten alcanzar un estado que evitará la pérdida de salud.

Por otro lado, está la **connotación negativa,** debido a que el trabajo puede generar pérdida de salud si da lugar a accidentes, genera enfermedades y ayuda a la aparición de otras patologías (fatiga, estrés, insatisfacción...). Aunque en los últimos años se ha mejorado mucho, el hecho de que el trabajo puede implicar pérdida de salud se sigue produciendo.

Aclarado todo ello, no podemos obviar en este punto las definiciones de los **conceptos *trabajo* y *salud.***

Entre las definiciones más destacadas de ***trabajo*** que aparecen en la RAE se encuentran las siguientes:

Acción y efecto de trabajar.

Ocupación retribuida.

Obra, cosa producida por un ajuste.

Obra, cosa producida por el entendimiento.

Operación de la máquina, pieza, herramienta o utensilio que se emplea para algún fin.

Esfuerzo humano aplicado a la producción de riqueza.

Por su parte, la definición de *salud* que debe exponerse es la que ofrece la Organización Mundial de la Salud (OMS), por las connotaciones que tiene: "Estado de completo bienestar físico, mental y social, y no solamente la ausencia de afecciones o enfermedades".

Con esta definición, la OMS deja claro que la salud no solo es falta de daño o enfermedad (bienestar físico), sino que también es importante estar bien desde el punto de vista mental y social porque, en caso contrario, no nos encontraremos plenos de salud. Relacionado con el mundo laboral, ello quiere decir que un trabajador puede estar mal de salud por un accidente o por tener alguna enfermedad, pero también por sentirse fatigado mentalmente, por estar estresado, etc.

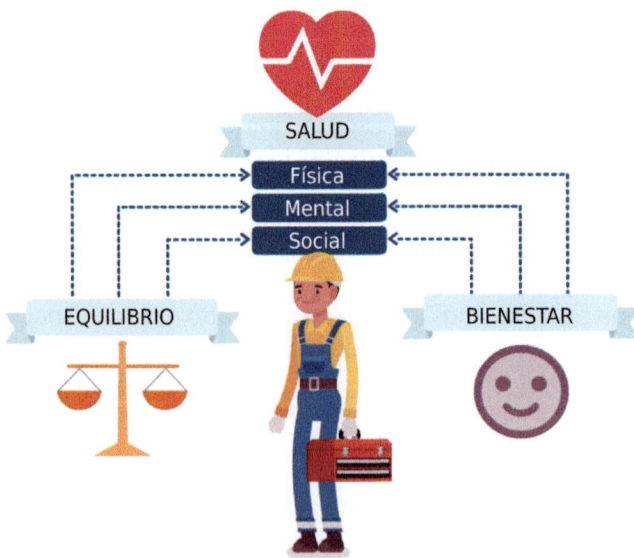

Para que haya salud tiene que haber un equilibrio y un bienestar físico, mental y social.

EJEMPLO

Un trabajador puede darse de baja por falta de salud si sufre un corte con una máquina, pero también por problemas mentales que le ha generado la presión en el trabajo.

 ACTIVIDAD COMPLEMENTARIA

1. Cita un trabajo que requiera un gran esfuerzo físico y también una actividad que pueda provocar daños en la salud de los trabajadores por la posible ausencia de un estado de bienestar mental.

Para conseguir que todos los trabajadores estén plenos de salud, las empresas tienen que tomar todas las medidas necesarias para evitar los riesgos. Un **riesgo profesional** o, lo que es lo mismo, un riesgo laboral, aparece definido perfectamente en el artículo 4 de la Ley 31/1995 de Prevención de Riesgos Laborales: "Posibilidad de que un trabajador sufra un determinado daño derivado del trabajo".

La necesidad de manejar manualmente una carga es un factor de riesgo, ya que los trabajadores pueden sufrir lesiones dorsolumbares.

Aparte de los riesgos, hay que destacar las principales circunstancias que provocan o aumentan los riesgos y, consecuentemente, los posibles daños; estas circunstancias se conocen como **factores de riesgo.**

A continuación, se citan algunos ejemplos:

- Utilización de equipos de transporte.
- Necesidad de trabajar en altura.
- Necesidad de subirse a escaleras de mano.
- Uso y manipulación de productos químicos.
- Las características de los productos (tóxicos, inflamables, comburentes, etc.).
- Utilización de equipos de trabajo.
- Necesidad de manejar herramientas cortantes.
- Necesidad de manejar manualmente la carga.
- Utilización de pantallas de visualización de datos (PVD).
- Atención a clientes.
- Trabajar de noche.
- Las características del local de trabajo.
- Las condiciones ambientales del local de trabajo.
- Mercancías situadas en altura.

 ## ACTIVIDAD COMPLEMENTARIA

2. Cita una tarea en la que las vibraciones se convierten en un factor que puede causar daños en el trabajador.

   Por otro lado, ¿piensas que el estilo de mando en una empresa puede ser un factor determinante que genera riesgos? Indica por qué.

Para evitar los riesgos y, consecuentemente, mantener plenos de salud a los trabajadores entra en juego la prevención. El concepto *prevención* también aparece definido en el artículo 4 de la Ley 31/1995: "Conjunto de actividades o medidas adoptadas o previstas en todas las fases de actividad de la empresa con el fin de evitar o disminuir los riesgos derivados del trabajo".

La prevención de riesgos laborales lo que persigue es llevar a cabo una serie de actuaciones para eliminar o minimizar los riesgos a los que están expuestos los trabajadores en el lugar de trabajo. Busca que los trabajadores no se accidenten, enfermen o sufran las conocidas como otras patologías derivadas del trabajo, sino que las tareas sean seguras y, si puede ser, confortables y que permitan el desarrollo personal y profesional.

La **cultura preventiva** es esencial en todo ello, ya que conseguirá que el trabajador sea consciente de la realidad y, de esta manera, de que no es necesario asumir riesgos en el trabajo. Pero actualmente hay dos problemas:

- Hay tareas que no son consideradas por los propios trabajadores como peligrosas.
- Hay quienes consideran que hay determinados trabajos en los que necesariamente se deben asumir riesgos.

Ello puede conllevar al último concepto descrito en este punto, *riesgo laboral grave e inminente.* Según el artículo 4 de la Ley 31/1995 de Prevención de riesgos laborales, es "aquel que resulte probable racionalmente que se materialice en un futuro inmediato y pueda suponer un daño grave para la salud".

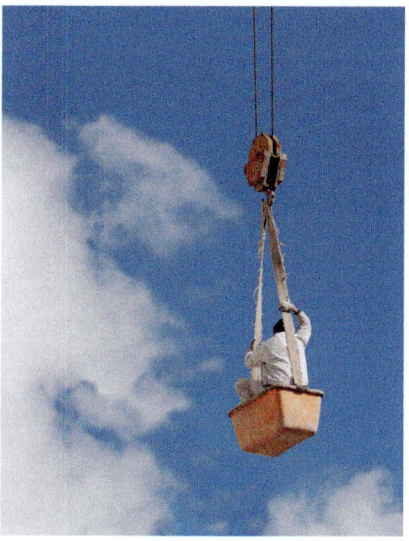

Riesgo laboral grave e inminente

 RECUERDA

La cultura preventiva es esencial para que los trabajadores no asuman riesgos.

⚒ APLICACIÓN PRÁCTICA

Julián trabaja como operario en una fábrica de muebles en Valencia. A diario manipula tablones de madera con ayuda de sierras eléctricas y realiza tareas de montaje en altura. El técnico de prevención, al visitar el taller, le explica que todas estas tareas conllevan la posibilidad de que su salud se vea afectada. Julián quiere entender con exactitud qué significa riesgo laboral en el marco legal. Según la Ley 31/1995 de Prevención de Riesgos Laborales, ¿qué se entiende por riesgo laboral?

Solución

El artículo 4 de la Ley 31/1995, de Prevención de Riesgos Laborales, define el riesgo laboral como la posibilidad de que un trabajador sufra un determinado daño derivado del trabajo.

- -

3. Daños derivados del trabajo (los accidentes de trabajo y las enfermedades profesionales)

Siguiendo con el artículo 4 de la Ley de Prevención de Riesgos Laborales, los **daños derivados del trabajo** son "las enfermedades, patologías o lesiones sufridas con motivo u ocasión del trabajo".

Estos daños pueden evitarse si el trabajo se realiza en unas condiciones adecuadas.

El trabajo no tiene por qué ser perjudicial para la salud; al contrario, debe ser fuente de desarrollo para el trabajador, además de realización profesional. Pero en muchas ocasiones la realidad es otra, ya que las situaciones de riesgo a las que el trabajador se ve sometido en el desempeño de su tarea ocasionan daños a su salud.

3.1. Accidentes de trabajo

Según el *Real Decreto Legislativo 8/2015, de 30 de octubre, por el que se aprueba el Texto Refundido de la Ley General de la Seguridad Social,* en su artículo 156, *accidente de trabajo* se define como "toda lesión corporal que el trabajador sufra con ocasión o por consecuencia del trabajo que ejecute por cuenta ajena".

Por lo tanto, legalmente no se considerará accidente de trabajo si no hay lesión y si no se produce realizando un trabajo por cuenta ajena o por consecuencia de este.

Accidente de trabajo: el trabajador ha caído de la escalera y se ha dañado la pierna.

Siguiendo con el artículo 156, tendrán consideración de accidente de trabajo los siguientes:

a. *Los que sufra el trabajador al ir o al volver del lugar de trabajo.*

b. *Los que sufra el trabajador con ocasión o como consecuencia del desempeño de cargos electivos de carácter sindical, así como los ocurridos al ir o al volver del lugar en que se ejerciten las funciones propias de dichos cargos.*

c. *Los ocurridos con ocasión o por consecuencia de las tareas que, aun siendo distintas a las de su grupo profesional, ejecute el trabajador en cumplimiento de las órdenes del empresario o espontáneamente en interés del buen funcionamiento de la empresa.*

d. *Los acaecidos en actos de salvamento y en otros de naturaleza análoga, cuando unos y otros tengan conexión con el trabajo.*

e. *Las enfermedades, no incluidas en el artículo siguiente, que contraiga el trabajador con motivo de la realización de su trabajo, siempre que se pruebe
que la enfermedad tuvo por causa exclusiva la ejecución del mismo.*

f. *Las enfermedades o defectos, padecidos con anterioridad por el trabajador,
que se agraven como consecuencia de la lesión constitutiva del accidente.*

g. *Las consecuencias del accidente que resulten modificadas en su naturaleza, duración, gravedad o terminación, por enfermedades intercurrentes, que
constituyan complicaciones derivadas del proceso patológico determinado
por el accidente mismo o tengan su origen en afecciones adquiridas en el
nuevo medio en que se haya situado el paciente para su curación.*

 SABÍAS QUE...

El accidente sufrido al ir o al volver del trabajo se conoce como accidente *in
itinere.*

 ACTIVIDAD COMPLEMENTARIA

3. Indica si conoces algún caso de accidente de trabajo sufrido por un conocido.
En caso afirmativo, señala la causa o las causas que lo provocaron.

Por otro lado, ¿conoces algún caso de accidente considerado *in itinere?* En
caso afirmativo, ¿el accidentado tuvo algún problema con la Administración
para que lo consideraran un accidente de trabajo?

3.2. Enfermedades profesionales

El concepto de *enfermedad profesional* también aparece en el Real
Decreto Legislativo 8/2015, concretamente en el artículo 157:

*Se entenderá por enfermedad profesional la contraída a consecuencia del tra-
bajo ejecutado por cuenta ajena en las actividades que se especifiquen en el
cuadro que se apruebe por las disposiciones de aplicación y desarrollo de esta
ley, y que esté provocada por la acción de los elementos o sustancias que en
dicho cuadro se indiquen para cada enfermedad profesional.*

Un alto nivel de ruido en el trabajo puede generar con el tiempo sordera profesional.

Varios puntos importantes se pueden extraer de la definición anterior:

⊃ Solo será enfermedad profesional si esta se ha producido realizando un trabajo por cuenta ajena.
⊃ No tendrá consideración de enfermedad profesional aquella que no aparezca en el cuadro de aplicación y desarrollo de esta ley, la cual debe estar provocada por los elementos y las sustancias indicadas en dicho cuadro.

 IMPORTANTE

Es el Real Decreto 1299/2006, de 10 de noviembre, el que aprueba el cuadro de enfermedades en el sistema de la Seguridad Social.

3.3. Otras patologías derivadas del trabajo

Además de las enfermedades y los accidentes, la prevención de riesgos laborales también lleva a cabo el **análisis de otras patologías** que tienen su **origen en el trabajo,** aunque es cierto que la relación de causalidad es menos clara y específica. En ocasiones, estas patologías son tratadas como enfermedades comunes y es difícil que sean consideradas legalmente como enfermedades profesionales.

Las principales patologías derivadas del trabajo son la fatiga, el estrés y la insatisfacción laboral:

Fatiga:

- Inadecuada postura de trabajo.
- Inadecuado manejo de cargas.
- Inadecuada recepción de la información.
- Inadecuado tratamiento de la información.
- Tener que ofrecer respuestas dinámicas (rápidas soluciones).

Estrés:

- Alto ritmo de trabajo.
- Acumulación de tareas.
- Alto nivel de atención.
- Cantidad de información que tratar.
- Calidad de información que tratar.
- Malas relaciones entre trabajadores.
- Posibilidad de sufrir un atraco.

Insatisfacción laboral:

- Monotonía.
- Falta de autonomía.
- Falta de participación.
- Bajo contenido de las tareas.
- Función o rol que desempeñan los trabajadores.
- Ausencia de comunicación.
- Malas relaciones entre trabajadores.

4. Marco normativo básico en materia de prevención de riesgos laborales. Derechos y deberes básicos en materia preventiva

Varias son las normas que afectan a la prevención de riesgos laborales. Las principales se citarán en este punto, aunque solo algunas serán las analizadas.

4.1. Ley 31/1995

La **Ley 31/1995, de 8 de noviembre,** de Prevención de Riesgos Laborales, es la principal norma española relativa a la seguridad y la salud en el ámbito laboral.

Para promover la seguridad y la salud, esta ley establece los principios generales de prevención y protección, intenta eliminar o disminuir los riesgos derivados del trabajo, informa, favorece la participación de los trabajadores en materia preventiva, establece los términos de la formación, etc.

A continuación, serán analizados los artículos que más directamente afectan a los trabajadores.

El artículo 14 indica que los trabajadores tienen derecho a que se les proteja eficazmente, derecho que consecuentemente se convierte en un deber para el empresario.

 NOTA

Si los trabajadores pertenecen a una Administración pública, sobre esta recae el deber de proteger a los trabajadores.

El empresario debe garantizar la seguridad y la salud de sus trabajadores mediante la integración de la actividad preventiva en la empresa; además, adoptará todas las medidas de protección oportunas. Muy importante es que la acción preventiva se vaya perfeccionando; para ello, debe ser permanente y continua.

El **artículo 19** señala que los trabajadores deben recibir una formación preventiva tanto teórica como práctica, además de suficiente y adecuada. Esta formación estará enfocada a prevenir los riesgos de cada trabajador, por lo que debe centrarse específicamente en el puesto de trabajo o la función del trabajador.

El trabajador será formado en el momento de su contratación, pero también es necesaria una nueva formación siempre que cambien sus funciones, se introduzcan nuevas tecnologías en la empresa o se produzcan cambios en los equipos de trabajo.

La formación debe impartirse dentro de la jornada de trabajo; si no es posible, se impartirá en otras horas.

Por último, hay que saber que el coste económico de la formación de los trabajadores nunca recaerá sobre estos.

En el **artículo 22** se indica que los trabajadores tienen derecho a una vigilancia periódica de su salud.

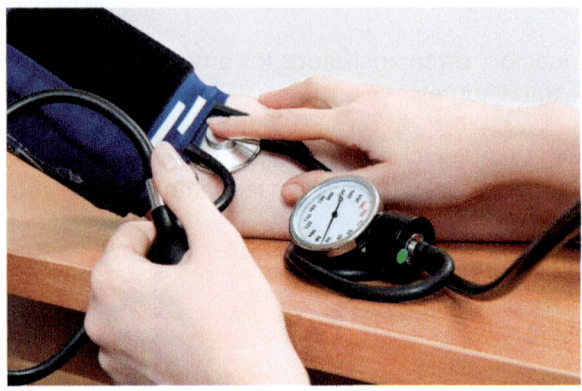

Los reconocimientos médicos de los trabajadores son esenciales para vigilar su salud.

Esta vigilancia no se llevará a cabo si el trabajador no presta su consentimiento. Pero hay una serie de casos en los que no se puede negar el trabajador:

- Cuando la vigilancia de la salud se considere imprescindible para evaluar los efectos de las condiciones de trabajo sobre la salud.
- Cuando la vigilancia de la salud se considere imprescindible para comprobar si el estado de salud de un trabajador puede constituir un peligro para sí mismo, para el resto de los trabajadores o para otras personas relacionadas con la empresa.
- Cuando lo establezca una disposición legal.

También es importante que los trabajadores sepan que los resultados de la vigilancia de la salud solo serán comunicados a ellos mismos, aunque los empresarios y los responsables preventivos de una empresa sí serán informados si un trabajador es apto o no apto para su puesto, incluso si, siendo apto, hay que introducir en la empresa medidas de protección y prevención.

IMPORTANTE

Aunque un trabajador ya no esté en su antigua empresa, tiene derecho a seguir con el servicio de vigilancia de su salud si los riesgos a los que estaba expuesto lo hacen necesario.

A los empresarios no siempre se les pueden hacer responsables de un accidente, enfermedad, etc., por ejemplo, en el caso de que los trabajadores no cumplan sus obligaciones preventivas. Por este motivo, el **artículo 29** indica que estas obligaciones son:

Usar adecuadamente, de acuerdo con su naturaleza y los riesgos previsibles, las máquinas, aparatos, herramientas, sustancias peligrosas, equipos de transporte y, en general, cualesquiera otros medios con los que desarrollen su actividad.

Utilizar correctamente los medios y equipos de protección facilitados por el empresario, de acuerdo con las instrucciones recibidas de este.

No poner fuera de funcionamiento y utilizar correctamente los dispositivos de seguridad existentes o que se instalen en los medios relacionados con su actividad o en los lugares de trabajo en los que esta tenga lugar.

Informar de inmediato a su superior jerárquico directo, y a los trabajadores designados para realizar actividades de protección y de prevención o, en su caso, al servicio de prevención, acerca de cualquier situación que, a su juicio, entrañe, por motivos razonables, un riesgo para la seguridad y la salud de los trabajadores.

Contribuir al cumplimiento de las obligaciones establecidas por la autoridad competente con el fin de proteger la seguridad y la salud de los trabajadores en el trabajo.

Cooperar con el empresario para que este pueda garantizar unas condiciones de trabajo que sean seguras y no entrañen riesgos para la seguridad y la salud de los trabajadores.

Trabajador utilizando correctamente la radial

 IMPORTANTE

Si los trabajadores no cumplen sus obligaciones en materia de prevención de riesgos, se considerará incumplimiento laboral.

 ACTIVIDAD COMPLEMENTARIA

4. Investiga para decir si la Ley de Prevención de Riesgos Laborales es aplicable a todos los sectores. Si no lo es, indica cuál puede ser la causa.

4.2. Real Decreto 485/1997

Se trata del Real Decreto que establece las disposiciones mínimas para la señalización de seguridad y salud en el trabajo.

IMPORTANTE

La señalización nunca será una medida sustitutoria de las medidas técnicas y organizativas de protección colectiva, y deberá utilizarse cuando mediante estas últimas no haya sido posible eliminar los riesgos o reducirlos suficientemente.

- -

Es importante destacar que la señalización debe cumplir una serie de requisitos generales para que sea eficaz:

- ⊃ Atraer la atención de los trabajadores.
- ⊃ Ser clara.
- ⊃ Dar a conocer su mensaje con suficiente antelación.
- ⊃ Ofrecer la posibilidad real de cumplimiento.

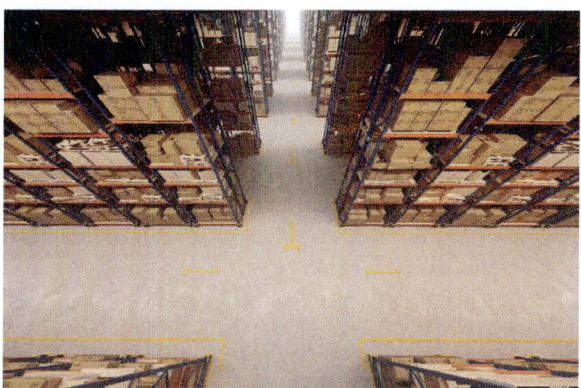

Señalización correcta en el suelo del almacén: atrae la atención de los trabajadores, es clara, se puede cumplir sin problemas e indica con antelación el mensaje que se quiere conseguir.

Señales las hay de varios tipos (gestuales, sonoras, luminosas, etc.), pero las principales en los lugares de trabajo son las conocidas como **señales visuales en forma de panel.**

Señales en forma de panel

Hay que tener muy en cuenta que las señales en forma de panel se instalarán en los **lugares correctos.** Por ello, será muy importante saber la altura y la posición correctas, los posibles obstáculos...

Otros **aspectos importantes** que tener en cuenta son:

⟩ La zona donde se instalarán las señales será visible y estará perfectamente iluminada.
⟩ No deben utilizarse muchas señales próximas entre sí.
⟩ Las señales deben retirarse cuando deje de existir la situación que las justificaba.

 NOTA

Si no es suficiente con la iluminación general, en la zona de señales debe emplearse iluminación adicional, incluso utilizar colores fosforescentes o materiales fluorescentes.

Las principales señales en forma de panel son:

Señal de advertencia
- Triangular, con pictograma negro sobre fondo amarillo.

Señal de obligación
- Redonda, con pictograma blanco sobre fondo azul.

Señal de prohibición
- Redonda, con pictograma negro sobre fondo blanco, y borde y banda roja.

Señal de lucha contra incendios
- Cuadrada o rectangular, con pictograma blanco sobre fondo rojo.

Señal de salvamento o socorro
- Cuadrada o rectangular, con pictograma blanco sobre fondo verde.

Ejemplo de señales en forma de panel: señales de obligación

4.3. Real Decreto 486/1997

Se trata del Real Decreto por el que se establecen las disposiciones mínimas de seguridad y salud en los lugares de trabajo.

 DEFINICIÓN

Lugares de trabajo
Según el Real Decreto 486/1997, son "las áreas del centro de trabajo, edificadas o no, en las que los trabajadores deban permanecer o a las que puedan acceder en razón de su trabajo.

Del **Real Decreto 486/1997,** podemos extraer muchas cosas, pero a continuación serán citados los puntos más relevantes.

En primer lugar, hay que decir que los **edificios y locales** tendrán la solidez y la resistencia necesarias para soportar las cargas o los esfuerzos a los que pueden ser sometidos. Además, está prohibido sobrecargar los edificios y locales.

Respecto a las **dimensiones mínimas de los locales,** estas permitirán a los trabajadores realizar su trabajo sin riesgos y en condiciones ergonómicas aceptables. Para ello, la altura desde el suelo hasta el techo será como mínimo de 3 m (2,5 m se permiten en locales comerciales, de servicios, oficinas y despachos), habrá 2 m² de superficie libre por trabajador y 10 m³, no ocupados, también por trabajador.

Dimensiones mínimas de los lugares de trabajo

Por otro lado, hay que indicar que los **suelos de los locales** serán fijos, estables, no resbaladizos, sin regularidades y sin pendientes peligrosas. Si los suelos poseen aberturas, hay que instalar sistemas de seguridad.

También hay que tener en cuenta que los **desniveles y las aberturas** se protegerán con barandillas siempre que haya riesgo de caída.

 NOTA

Las barandillas de seguridad serán de materiales rígidos, tendrán una altura mínima de 90 cm y dispondrán de una protección que impida el paso de personas o deslizamiento por debajo de ellas, o la caída de objetos.

En el caso de lados abiertos en escaleras y rampas de más de 60 cm de altura, estos deben protegerse. Además, se instalarán pasamanos en los lados cerrados de escaleras y rampas, a una altura mínima de 90 cm, si la anchura de la escalera es mayor de 1,2 m; si la anchura es menor, al menos uno de los dos lados llevará pasamanos.

Otro punto importante son las **vías de circulación,** las cuales deben ser tales que se pueda circular con total seguridad por ellas. Los pasillos poseerán una anchura mínima de 1 m, mientras que las vías para vehículos permitirán el paso simultáneo seguro de vehículos y personas.

Respecto a las **puertas,** hay que tener en cuenta una serie de hechos importantes:

Las que sean transparentes tienen que estar señalizadas a la altura de los ojos.

Las de vaivén serán transparentes.

Las puertas de emergencia nunca estarán cerradas y siempre abrirán hacia el exterior.

Otro elemento tratado en el **R. D. 486/1997** son las **escaleras fijas,** las cuales tendrán una anchura mínima de 40 cm y una distancia máxima entre peldaños de 30 cm.

Muy importantes desde el punto de vista de la **seguridad** son las **vías y salidas de evacuación:**

- El número de vías y salidas, su distribución y sus dimensiones dependerán, entre otras cosas, del número máximo de personas que pueda albergar el edificio.
- En todo momento las vías y salidas deben permanecer libres de obstáculos.
- Las vías y salidas deben desembocar directamente al exterior de los locales o en zonas de seguridad.
- Las puertas de emergencia nunca estarán cerradas.
- Las puertas de emergencia siempre abrirán hacia el exterior.
- Las vías y salidas de evacuación estarán correctamente señalizadas. Si las señales son luminosas, el sistema de iluminación asegurará su funcionamiento en caso de avería.

Salida de emergencia: está libre de obstáculos, abre hacia afuera y la señalización es correcta

Además, el Real Decreto 486/1997 también habla del **orden, la limpieza y el mantenimiento:**

⮩ Para mantener las condiciones higiénicas idóneas, los lugares de trabajo se limpiarán periódicamente y siempre que sea necesario.
⮩ Se eliminarán rápidamente desperdicios, manchas de grasa, derrames de productos peligrosos...
⮩ Las zonas de paso, las vías de circulación y las salidas, especialmente, las vías y salidas de emergencia, siempre se encontrarán libres de obstáculos.
⮩ El sistema de ventilación se mantendrá en buen estado de funcionamiento.

Por último, hay que hablar de las **condiciones ambientales.** En los lugares donde se realicen trabajos sedentarios, la **temperatura** estará comprendida entre 17 y 27 °C, mientras que donde se realicen trabajos ligeros estará comprendida entre 14 y 25 °C. Por su lado, la **humedad relativa** estará comprendida entre el 30 y el 70 %, pero si en el local hay riesgo por electricidad estática el límite inferior será el 50 %.

4.4. Otras normas relacionadas con la prevención de riesgos laborales

Además de la Ley de Prevención de Riesgos Laborales, del Real Decreto 485/1997 y del Real Decreto 486/1997, hay otras importantes normas que deben ser conocidas:

Real Decreto 487/1997, de 14 de abril
- Sobre disposiciones mínimas de seguridad y salud relativas a la manipulación manual de cargas que entrañe riesgos, en particular dorsolumbares, para los trabajadores.

Real Decreto 488/1997, de 14 de abril
- Sobre disposiciones mínimas de seguridad y salud relativas al trabajo con equipos que incluyen pantallas de visualización.

Real Decreto 1215/1997, de 18 de julio
- Por el que se establecen las disposiciones mínimas de seguridad y salud para la utilización por los trabajadores de los equipos de trabajo.

Real Decreto 614/2001, de 8 de junio
- Sobre disposiciones mínimas para la protección de la salud y la seguridad de los trabajadores frente al riesgo eléctrico.

Ley 54/2003, de 12 de diciembre
- De reforma del marco normativo de la prevención de riesgos laborales.

TAREA 1

Durante una visita del equipo de prevención y el de dirección de la empresa en la que eres el responsable de prevención, has detectado los siguientes incumplimientos:

- Varios trabajadores manipulan cargas pesadas sin técnicas adecuadas de levantamiento.
- Se utilizan martillos neumáticos durante largos períodos, lo que provoca exposición a vibraciones.
- Hay zonas del taller con escasa iluminación y acumulación de materiales en pasillos de evacuación.
- Algunos empleados trabajan con pantallas de visualización de datos (PVD) sin pausas programadas y con sillas poco ergonómicas.
- Se ha registrado un accidente: un trabajador cayó de una escalera portátil mientras intentaba alcanzar material situado en altura.

Continúa en página siguiente >>

<< *Viene de página anterior*

- Un grupo de empleados manifiesta estrés debido a la presión de los plazos de entrega y a la falta de comunicación con los mandos intermedios.

El director de la empresa, para tratar de atajar los incumplimientos previstos y analizar las causas que los provocan, te solicita que realices un informe en el que se recojan los siguientes aspectos:

- Identificar los riesgos profesionales presentes.
- Detectar los factores de riesgo asociados.
- Diferenciar si los daños sufridos pueden considerarse accidente de trabajo, enfermedad profesional u otras patologías derivadas del trabajo.
- Proponer medidas preventivas ajustadas a la normativa.

5. Resumen

En el mundo de la prevención de riesgos laborales son muy importantes una serie de definiciones, la mayoría de las cuales son definiciones legales, ya que aparecen en distintas normas.

La definición de *salud* que marca la OMS es muy importante porque equipara en importancia el bienestar físico al mental y al social. Si alguno de estos tres falta (por un accidente, por una enfermedad, por estrés...), la persona afectada no se encontrará plena de salud.

Si una empresa busca que todos sus trabajadores estén plenos de salud, debe tomar todas las medidas posibles que eviten riesgos. El término *riesgo profesional* aparece definido en la Ley de Prevención de Riesgos Laborales.

Aparte de los propios riesgos, también son muy importantes los factores de riesgo, es decir, aquellas circunstancias que provocan o aumentan los riesgos y, consecuentemente, los posibles daños.

La Ley 31/1995 de Prevención de Riesgos Laborales también define tres conceptos esenciales: *prevención, riesgo laboral grave e inminente* y *daños derivados del trabajo*. Estos daños pueden ser enfermedades, patologías o lesiones.

Tanto los accidentes de trabajo como las enfermedades profesionales son definidos y desarrollados en el Real Decreto Legislativo 8/2015, de 30 de octubre, por el que se aprueba el Texto Refundido de la Ley General de la Seguridad Social. Ambas definiciones son de gran importancia porque, para que un accidente o una enfermedad sean considerados laborales, tiene que cumplirse lo que expone el citado real decreto.

Aparte de las definiciones, la propia legislación preventiva es esencial. La principal norma española es la Ley 31/1995, de 8 de noviembre, de Prevención de Riesgos Laborales, que promueve la seguridad y la salud de los trabajadores, intenta eliminar o minimizar los riesgos derivados del trabajo, etc.

Aunque la Ley 31/1995 es la principal norma, existen otras muy importantes: Real Decreto 485/1997, sobre Señalización de Seguridad y Salud; Real Decreto 486/1997, sobre disposiciones mínimas de seguridad y salud en los lugares de trabajo, etc.

Ejercicios de autoevaluación
Unidad de Aprendizaje 1

1. La posibilidad de que un trabajador sufra un determinado daño derivado del trabajo es un...

   a. ... factor de riesgo.
   b. ... riesgo profesional.
   c. ... riesgo de accidente.
   d. ... riesgo de enfermedad.

2. ¿Cuál de las siguientes opciones puede ser considerada un factor de riesgo?

   a. La utilización de equipos de transporte.
   b. Las características del local de trabajo.
   c. La necesidad de trabajar en altura.
   d. Todas las opciones son correctas.

3. ¿En qué artículo de la Ley 31/1995 de Prevención de Riesgos Laborales aparece definido el concepto *prevención*?

   a. Artículo 2.
   b. Artículo 3.
   c. Artículo 4.
   d. Artículo 5.

4. Según la Ley de Prevención de Riesgos Laborales, los daños derivados del trabajo pueden ser:

   a. Enfermedades o lesiones.
   b. Enfermedades, patologías o lesiones.
   c. Patologías.
   d. Patologías o lesiones.

5. **¿En qué norma española aparece definido el concepto *accidente de trabajo*?**

   a. Real Decreto 485/1997.
   b. Real Decreto 1215/1997.
   c. Real Decreto Legislativo 8/2015.
   d. Real Decreto Legislativo 258/2016.

6. **¿Cuál de las siguientes características tiene que darse para que una enfermedad sea considerada enfermedad profesional?**

   a. Si se ha contraído en ambientes laborales con altas temperaturas.
   b. Si se ha contraído en ambientes laborales con bajas temperaturas.
   c. Si se ha producido realizando un trabajo por cuenta propia.
   d. Si se ha producido realizando un trabajo por cuenta ajena.

7. **¿Qué artículo de la Ley de Prevención de Riesgos Laborales es el referido a la formación de los trabajadores en prevención?**

   a. Artículo 7.
   b. Artículo 19.
   c. Artículo 24.
   d. Artículo 35.

8. **Un trabajador que ya no trabaja en una empresa, ¿puede solicitar los servicios de vigilancia de la salud a esta empresa?**

   a. Depende de la actividad económica de la empresa.
   b. No, nunca.
   c. Sí, siempre.
   d. Sí, en el caso de que sea necesario por los riesgos a los que estaba expuesto.

9. **¿Cuál de las siguientes opciones son obligaciones de los trabajadores en materia de prevención de riesgos laborales?**

   a. Utilizar correctamente los medios y los equipos de protección.
   b. No poner fuera de funcionamiento y utilizar correctamente los dispositivos de seguridad.

c. Cooperar con el empresario para que este pueda garantizar unas condiciones de trabajo que sean seguras.

d. Todas las opciones son correctas.

10. ¿Cuál es el real decreto por el que se establecen las disposiciones mínimas de seguridad y salud en los lugares de trabajo?

a. Real Decreto 486/1997.

b. Real Decreto 488/1997.

c. Real Decreto 614/2001.

d. Real Decreto 54/2003.

Diferenciación de riesgos generales y su prevención. Evaluación de riesgos

Contenido

1. Introducción
2. Evaluación de riesgos. Gestión de las condiciones de seguridad
3. Interpretación de riesgos del medioambiente de trabajo
4. Análisis a la carga de trabajo, fatiga e insatisfacción laboral
5. Identificación de los sistemas elementales de control de riesgos. Aplicación de los medios de protección colectiva. Manipulación de equipos de protección individual. Señalización de seguridad
6. Resumen

Objetivos

El objetivo general de esta Unidad de Aprendizaje es:

→ Diferenciar los riesgos generales en el entorno laboral y su prevención, las actuaciones preventivas básicas, su seguimiento y el control de las evaluaciones elementales de riesgos.

Los objetivos específicos de esta Unidad de Aprendizaje son:

→ Identificar los riesgos generales asociados a los lugares de trabajo, analizando cómo las condiciones materiales pueden originar caídas, choques, atrapamientos y otros accidentes.
→ Reconocer los riesgos derivados del uso de máquinas, herramientas, equipos e instalaciones, diferenciando sus causas más habituales y las medidas preventivas que deben aplicarse.
→ Clasificar los riesgos relacionados con el medioambiente laboral, distinguiendo entre agentes físicos, químicos y biológicos, así como sus efectos sobre la salud de los trabajadores.
→ Valorar la influencia de la carga de trabajo, la fatiga y la insatisfacción laboral como factores de riesgo psicosocial, proponiendo medidas preventivas adecuadas para evitarlos o reducir su impacto.
→ Diferenciar los principales riesgos generales en el lugar de trabajo (físicos, químicos, biológicos y psicosociales) y aplicar medidas preventivas de protección colectiva e individual.

1. Introducción

Hoy en día es patente la preocupación existente por la seguridad y la salud de los trabajadores. Por ello, muchos organismos e instituciones oficiales hacen mucho hincapié en la importancia de reducir el número de accidentes y enfermedades laborales.

A pesar de ello, cada año mueren muchísimas personas por motivos laborales, siendo incluso mayor el número de lesionados, enfermos y afectados por las conocidas como otras patologías derivadas del trabajo. Son las principales causas por las que hay que ser conscientes y ver la gravedad del problema desde todos los ámbitos (gobiernos, empresarios, trabajadores, familias, etc.).

También hay que destacar las causas económicas, ya que cada año se pierde una buena cantidad de dinero debido a forzosas jubilaciones anticipadas, pago por daños y perjuicios, pérdida de personal cualificado, elevadas primas de seguro, jornadas perdidas, reconstrucción de los posibles daños materiales, etc.

Por todo ello, hay que prevenir los riesgos a través de la puesta en marcha de una buena política reflejada en planes de prevención y todo un conjunto de óptimas medidas.

2. Evaluación de riesgos. Gestión de las condiciones de seguridad

Las **condiciones de seguridad** son aquellas situaciones materiales que pueden dar lugar a accidentes de trabajo. Para controlarlas hay que identificar los factores de riesgo derivados principalmente de:

Lugares de trabajo

Equipos de trabajo

Instalaciones

Identificados los factores de riesgo existentes en cada centro de trabajo, hay que evaluarlos y, de esta forma, podrán adoptarse medidas preventivas y protectoras para hacerles frente.

2.1. Riesgos ligados a los lugares de trabajo

Las características de los lugares de trabajo y los hechos que en ellos se producen pueden tener una influencia importante en las condiciones de trabajo y en la generación de riesgos, los cuales quizás den lugar a distintos accidentes. A continuación, se citan algunos riesgos ligados a los lugares de trabajo:

- Exposición a temperaturas extremas.
- Quemaduras por contactos térmicos.
- Caída de personas a distinto nivel.
- Caída de personas al mismo nivel.
- Cortes o contusiones.
- Caída de objetos por desprendimiento.
- Caída de objetos en manipulación.
- Caída de objetos por desplome o derrumbamiento.
- Pisadas sobre objetos.
- Choques contra objetos móviles o inmóviles.
- Atrapamiento por objetos o partes móviles.

Las caídas a distinto nivel son uno de los accidentes más frecuentes asociados al uso de escaleras durante el proceso de almacenamiento.

Entre las muchas medidas preventivas para evitar o disminuir este tipo de riesgos podemos destacar:

- Colocar barandillas de seguridad.
- Proteger todos los huecos.
- Los suelos deben ser firmes y lisos.
- Utilizar calzado adecuado al tipo de suelo, normalmente con suela antideslizante.
- Disponer de contenedores, papeleras, etc.
- Delimitar la zona de trabajo.
- Las zonas de paso (pasillos, escaleras y corredores) deben tener las dimensiones adecuadas.
- Señalizar adecuadamente los obstáculos fijos y las esquinas.
- Adecuar el nivel de iluminación en los puestos de trabajo y las zonas comunes.

 RECUERDA

El espacio de trabajo debe ser el adecuado a las tareas que realizar. Como norma general, la altura mínima de los techos será de 3 m (2,5 m en oficinas) y la superficie libre por trabajador 2 m^2.

 ACTIVIDAD COMPLEMENTARIA

5. Cita los riesgos ligados a las condiciones de trabajo que se pueden dar con más frecuencia en una panadería.

   Además, indica las medidas preventivas que propondrías para evitar uno de los riesgos anteriormente citados.

2.2. Riesgos ligados a la utilización de máquinas, equipos y herramientas

Entre los riesgos más importantes debidos al **uso de herramientas** pueden encontrarse:

- Contactos con elementos cortantes.
- Golpes.
- Proyección de fragmentos volantes.
- Caídas por sobreesfuerzos.

En muchas ocasiones, estos riesgos son provocados por un uso inadecuado, utilización de herramientas defectuosas o de mala calidad, transporte y almacenamiento incorrecto, etc.

Para evitar estos problemas debemos:

- Utilizar herramientas de calidad.
- Usar las herramientas siguiendo las instrucciones y conforme a los trabajos para las que han sido diseñadas.
- Usar gafas de protección si hay riesgo de proyección de partículas.
- Utilizar guantes si trabajamos con material cortante.
- Mantenimiento y revisiones periódicas adecuadas.
- Almacenamiento correcto.

Respecto a las **máquinas y los equipos,** los riesgos más importantes pueden ser:

- Aplastamiento, cizallamiento, corte...
- Contacto eléctrico directo o indirecto.
- Quemaduras.
- Problemas ocasionados por ruido y vibraciones.
- Problemas ocasionados por radiaciones.
- Problemas ergonómicos.

Entre las **medidas preventivas** destacan:

- La instalación de las máquinas debe hacerse en lugares apropiados: suelos firmes, amplitud de espacio, suficiente iluminación y ventilación, temperaturas adecuadas, etc.
- El emplazamiento se hará de modo que los trabajadores puedan acceder a todos los servicios de mantenimiento, reparación y limpieza.
- La instalación debe hacerse de acuerdo con las instrucciones del fabricante y por personal autorizado.
- Realizar el mantenimiento adecuado.
- Utilizar correctamente las máquinas y los equipos, por personal cualificado, siguiendo las instrucciones de uso y para el fin para el que han sido fabricadas.
- Adquirir máquinas seguras (marcado CE).
- Usar materiales seguros.

- Usar fuentes de alimentación seguras.
- Utilizar máquinas y equipos que posean las adecuadas medidas de seguridad (detección de fallos, resguardos, dispositivos de protección, etc.).

APLICACIÓN PRÁCTICA

Marcos trabaja en una empresa de carpintería industrial. Durante una inspección se observa que en su zona de trabajo hay virutas de madera acumuladas en el suelo, la iluminación es deficiente y, además, algunos pasillos están parcialmente obstruidos con tablones. Marcos se pregunta qué riesgos pueden derivarse de estas condiciones del lugar de trabajo. ¿Qué tipo de riesgos laborales están presentes principalmente en la empresa de Marcos?

Solución

Los riesgos ligados a los lugares de trabajo incluyen caídas al mismo o a distinto nivel, choques contra objetos, atrapamientos y golpes, entre otros.

La acumulación de virutas y la obstrucción de los pasillos aumentan la probabilidad de caídas y tropiezos.

La deficiente iluminación también incrementa la posibilidad de accidentes.

2.3. Riesgos ligados a las instalaciones

En este punto nos centraremos solo en los riesgos ligados a las **instalaciones eléctricas** de la empresa.

IMPORTANTE

Las malas condiciones o los fallos en las instalaciones eléctricas pueden dar lugar a incendios, explosiones, electrización, electrocución...

Entre las medidas básicas de prevención destacan:

- No realizar trabajos eléctricos sin estar capacitado para ello.
- Utilizar equipos de protección individual certificados.
- En los lugares mojados o con presencia de metales hay que utilizar solo aparatos eléctricos con pequeñas tensiones de seguridad.
- Trabajar sin tensión. Para ello hay que seguir las cinco reglas de oro.

 NOTA

Las cinco reglas de oro son:

1. Cortar todas las fuentes en tensión.
2. Bloquear los aparatos de corte.
3. Verificar la ausencia de tensión.
4. Poner a tierra y en cortocircuito todas las posibles fuentes de tensión.
5. Delimitar y señalizar la zona de trabajo.

Como **medidas particulares,** hay que destacar las que hay que tomar para evitar contactos eléctricos **directos** y las que hay que tomar para evitar contactos eléctricos **indirectos.**

 DEFINICIÓN

Contacto eléctrico directo
Es el que sufre una parte del cuerpo con un elemento activo de una instalación eléctrica.

Contacto eléctrico indirecto
El que se produce cuando un individuo entra en contacto con algún elemento que no forma parte del circuito eléctrico, pero que ha adquirido tensión accidentalmente.

Si existe la posibilidad de sufrir un contacto eléctrico, es necesario:

➲ **Contacto directo.** Ante la posibilidad de sufrir un contacto eléctrico directo, se debe:

 ◑ Alejar las partes activas para que no estén al alcance de las personas por contacto fortuito.
 ◑ Interponer obstáculos que impidan todo contacto accidental con las partes activas de la instalación.
 ◑ Recubrir las partes activas con material aislante.
 ◑ Utilizar tensiones inferiores a 25 V.

➲ **Contacto indirecto.** Ante la posibilidad de sufrir un contacto eléctrico indirecto se debe:

 ◑ Llevar a cabo la puesta a tierra de las masas para desviar gran parte de la corriente eléctrica. Instalar un interruptor diferencial para que corte la corriente en el mismo momento que se produce una corriente de derivación.

 ACTIVIDAD COMPLEMENTARIA

6. Busca información para indicar cuáles son los colores indicativos de los cables de puesta a tierra.

 Además, cita un ejemplo de contacto eléctrico indirecto.

3. Interpretación de riesgos del medioambiente de trabajo

Se entiende por medioambiente de trabajo el entorno que afecta y condiciona las circunstancias de vida de los trabajadores en su conjunto. Normalmente se dan en un momento determinado, influyendo en la salud de los trabajadores.

Las condiciones ambientales que pueden resultar nocivas para la salud de los trabajadores están directamente relacionadas con la presencia en el trabajo de:

Agentes químicos | Agentes físicos | Agentes biológicos

Tanto unos como otros pueden entrar en contacto con los trabajadores y afectar negativamente a su salud.

3.1. La exposición laboral a agentes físicos

Los agentes físicos también pueden provocar daños en los trabajadores. Los principales de ellos son:

- Energía mecánica en forma de ruido y vibraciones.
- Energía electromagnética en forma de radiación (luz visible, infrarroja, ultravioleta, rayos X, etc.).
- Energía calorífica en forma de calor o frío (condiciones térmicas).

Ruido

El volumen del sonido **se mide en decibelios (dB).** Si el ruido es fuerte, o durante una jornada ininterrumpida de 8 h se mantiene un nivel de ruido mayor de 80 dB (A), este puede provocar daños en el oído; en casos extremos, pueden darse sorderas profesionales (hipoacusias).

Además de deteriorar el aparato auditivo, el ruido puede generar en los trabajadores:

- Aumento del ritmo cardíaco.
- Constricción de los vasos sanguíneos.
- Aceleración del ritmo respiratorio.
- Disminución de la actividad de los órganos digestivos.
- Reducción de la actividad cerebral con la consiguiente disminución de la atención.
- Trastornos psicológicos: agresividad, ansiedad, disminución de la atención y de la memoria, etc.

Por todo ello, hay que tomar una serie de **medidas preventivas:**

⮩ Eliminar la fuente de ruido, por ejemplo, sustituyendo maquinaria ruidosa por otra más silenciosa.
⮩ Aislar la fuente de ruido, por ejemplo, aislando la máquina generadora de ruido y colocando materiales absorbentes en paredes, techos y suelos.
⮩ Insonorizar techos y paredes.
⮩ Utilización de equipos protección individual (EPI) adecuados, como orejeras y tapones.
⮩ Reducción del tiempo de exposición.

ACTIVIDAD COMPLEMENTARIA

7. Busca información para indicar cuántos decibelios puede generar el tráfico y cuántos el motor de un avión.

Vibraciones

A cualquier trabajador puede afectarle toda vibración transferida a su cuerpo. Esta transmisión y sus efectos dependen mucho de la postura; además, no todos los individuos presentan la misma sensibilidad.

Como **medidas preventivas** ante las vibraciones se encuentran:

Evitar
- Las herramientas y las máquinas vibratorias.

Adquirir
- Herramientas y máquinas cuyo diseño ergonómico (peso, forma y dimensiones) se adapten específicamente al trabajo.

Realizar
- Un adecuado mantenimiento preventivo de las herramientas, vigilando especialmente el estado del giro de ejes, del ataque de engranajes, etc.

Continúa en página siguiente >>

<< Viene de página anterior

Desintonizar
- Las vibraciones modificando la frecuencia, evitando la resonancia, por modificación de la masa, etc.

Atenuar
- La transmisión al trabajador mediante la interposición de materiales aislantes (resortes metálicos, soportes de caucho, corcho, etc.).

Iluminación

A pesar de ser un factor de calidad de vida, a la iluminación en muchas ocasiones no se le da la debida importancia.

Ejemplo de buena iluminación natural en el lugar de trabajo

 SABÍAS QUE...

Los ojos suelen adaptarse, al menos a corto plazo, a condiciones deficientes de iluminación. Pero si la deficiencia de iluminación es prolongada, podemos empezar a sufrir molestias, a veces directamente en los ojos (irritación, cansancio ocular, etc.) y otras veces molestias no oculares, como dolor de cabeza o fatiga.

Hay que tener muy en cuenta que el mayor problema de la deficiencia de iluminación en los lugares de trabajo no es la dificultad para realizarlos, sino su contribución al aumento de los accidentes. Por todo ello, es imprescindible que los trabajos se realicen bajo unas óptimas condiciones de iluminación:

> Disponer de luz natural.

> Disponer de persianas u otros dispositivos para evitar deslumbramientos.

> Disponer de un sistema de iluminación artificial complementaria, general, proveniente de las lámparas del techo y de las paredes, y localizada, para disponer de un mayor nivel de luz en aquellos puestos de trabajo que lo requieren.

ACTIVIDAD COMPLEMENTARIA

8. Indica si alguna vez has trabajado con iluminación deficiente y, si lo has hecho, ¿qué iluminación era la adecuada en ese momento?

   Por otro lado, ¿cuál crees que es el mejor tipo de iluminación? Razona tu respuesta.

Radiaciones

Se trata de la emisión y la propagación de energía en forma de ondas electromagnéticas o partículas a través del medio.

Entre las **medidas preventivas** que tomar ante las radiaciones se encuentran:

- Aislar la fuente emisora.
- Disminuir la intensidad.
- Acortar los tiempos de exposición.
- Utilizar guantes y ropas protectoras.

⊃ Informar previamente a todo trabajador sobre los riesgos y las precauciones.

⊃ Los trabajadores potencialmente expuestos a radiaciones ionizantes estarán sujetos a una vigilancia especial de la salud.

⊃ Los locales de trabajo en los que exista riesgo de exposición a radiaciones ionizantes estarán debidamente controlados y señalizados.

DEFINICIÓN

Radiaciones ionizantes

Poseen energía suficiente para originar partículas con carga eléctrica (iones) al interaccionar con la materia. Pueden ser electromagnéticas (rayos X y gamma, etc.) o corpusculares (partículas alfa y beta…).

Condiciones térmicas

Unas malas condiciones térmicas pueden dar lugar a efectos fisiológicos directos sobre los trabajadores (resfriados, deshidratación, golpe de calor, etc.), incluso afectar a su conducta (disminución del rendimiento, aumento de la insatisfacción...). Por ello, hay que tener en cuenta una serie de medidas preventivas:

Actuar sobre las fuentes de calor mediante al apantallamiento.

Actuar sobre el ambiente térmico dotando al local de ventilación general y de sistemas de extracción localizada.

Actuar sobre el individuo por medio de equipos de protección personal como ropa de trabajo adecuada.

Climatizar el lugar de trabajo.

Rotar a los trabajadores, limitando el tiempo de permanencia.

RECUERDA

Según el Real Decreto 486/1997:

La temperatura de los locales donde se realicen trabajos sedentarios propios de oficinas o similares estará comprendida entre 17 y 27 °C.

La temperatura de los locales donde se realicen trabajos ligeros estará comprendida entre 14 y 25 °C.

 ACTIVIDAD COMPLEMENTARIA

9. Cita situaciones en las que las condiciones térmicas afectan al trabajo.

   ¿Cuál piensas que es peor situación para trabajar: el calor o el frío? Razona tu respuesta.

3.2. La exposición laboral a agentes químicos

El efecto nocivo de los contaminantes químicos es consecuencia de la acción tóxica que tienen.

El efecto adverso o indeseable causado por una sustancia química sobre un sistema biológico depende de la toxicidad intrínseca de la sustancia, es decir, de la potencia del veneno, pero también depende de las posibilidades reales que tenga de entrar en el cuerpo humano.

Para cuantificar el efecto adverso que una sustancia química puede producir en nuestro organismo, se tendrán en cuenta la concentración del tóxico y el tiempo de exposición.

SABÍAS QUE...

Los contaminantes químicos suelen penetrar en el organismo a través de una de las siguientes vías:

- Vía respiratoria.
- Vía dérmica.
- Vía digestiva.
- Vía parenteral.

ACTIVIDAD COMPLEMENTARIA

10. Investigar qué es la vía parenteral. ¿Cuál puede ser la principal vía de entrada de contaminantes al cuerpo? Razona tu respuesta.

Aunque un producto sea peligroso, en todos los casos no producirá daño o enfermedad. A pesar de ello, siempre hay que estar totalmente informado sobre la peligrosidad de los productos. De esta manera, es fundamental exigir al fabricante, el importador o el suministrador la ficha de seguridad de los artículos, para conocer su composición y demás datos que permitan hacer un planteamiento preventivo:

> Actuación sobre el foco contaminante impidiendo la emisión.

> Actuación sobre el medio de difusión evitando la propagación.

> Actuación sobre el individuo receptor evitando los efectos en el trabajador.

3.3. La exposición laboral a agentes biológicos

Los agentes biológicos son microorganismos, cultivos celulares y endoparásitos humanos susceptibles de originar cualquier tipo de infección, alergia o toxicidad. En términos generales, el mayor riesgo de contraer una enfermedad profesional por exposición a contaminantes biológicos se da en aquellos trabajadores dedicados a:

Cría y cuidado de animales

Manipulación de productos de origen animal, despojos, etc.

Trabajos en laboratorios biológicos y clínicos

Trabajos sanitarios

En todos estos casos es fundamental el uso de ropa que ofrezca una protección adecuada, así como guantes y calzado convenientes. Todo ello sin olvidar que tienen que darse unas óptimas condiciones higiénicas en los lugares de trabajo, vestuarios y aseos. Pero, además de actuar sobre el medio y sobre el trabajador, no hay que olvidar la importancia de actuar sobre el mismo foco.

 SABÍAS QUE...

Entre los agentes biológicos destacan bacterias, protozoos, virus, hongos y gusanos parásitos.

 TAREA 2

En la empresa Alimentos Frescos S. A., dedicada a la producción y el envasado de alimentos, se han detectado diferentes situaciones que pueden comprometer la seguridad y la salud de los trabajadores en sus puestos de trabajo. Como responsable de prevención, se te encomienda la tarea de analizar y clasificar los distintos riesgos que se presentan en cada una de las áreas de la organización.

Continúa en página siguiente >>

<< Viene de página anterior

Clasifica cada situación real, según corresponda cada caso, dentro de una de las categorías de riesgos físicos, químicos, biológicos o psicosociales:

1. Exposición prolongada a temperaturas bajo cero en cámaras frigoríficas.
2. Manipulación de productos de limpieza altamente tóxicos.
3. Estrés por plazos ajustados de entrega en oficinas.
4. Ruido constante superior a 90 dB(A) en la zona de envasado.
5. Contacto con bacterias y hongos en el laboratorio de control de calidad.
6. Cansancio y monotonía por tareas repetitivas.
7. Riesgo de quemaduras por contacto con superficies calientes en hornos industriales.
8. Inhalación de vapores de disolventes sin ventilación adecuada.
9. Manejo de jeringas contaminadas en un área de análisis.
10. Conflictos entre compañeros de trabajo que generan mal ambiente laboral.

----

4. Análisis a la carga de trabajo, fatiga e insatisfacción laboral

Además de las enfermedades y los accidentes, la prevención de riesgos laborales también lleva a cabo el análisis de otras patologías que tienen su origen en el trabajo, aunque es cierto que la relación de causalidad es menos clara y específica. En ocasiones, estas patologías son tratadas como enfermedades comunes y es difícil que sean consideradas legalmente como enfermedades profesionales.

La carga de trabajo, es decir, el conjunto de requerimientos psicofísicos a los que se ve sometido el trabajador a lo largo de su jornada laboral, puede dar lugar principalmente a patologías como la fatiga, mientras que otros factores como la monotonía o la poca participación en las tareas pueden generar insatisfacción laboral.

4.1. La fatiga física

La fatiga física es una condición caracterizada por el cansancio extremo del cuerpo tras un esfuerzo prolongado, intenso o repetitivo, que disminuye la fuerza, la resistencia y la capacidad de respuesta muscular. Se manifiesta comúnmente a través de debilidad, lentitud en los movimientos, dolores musculares y falta de energía, lo que puede aumentar el riesgo de accidentes o lesiones si no se atiende adecuadamente. Su prevención y su recuperación requieren de un equilibrio entre actividad y descanso, una correcta alimentación, hidratación y hábitos de vida saludables que favorezcan la recuperación del organismo.

La fatiga es o conlleva directamente la disminución de la capacidad física y mental del trabajador, generalmente después de haber realizado un trabajo durante un tiempo determinado. Física o mental, la fatiga suele ser el reflejo de una carga de trabajo excesiva.

Para evitar la fatiga física y mental pueden llevarse a cabo las siguientes medidas preventivas:

⤴ **Fatiga física:**

- ☉ Si al trabajar de pie surgen muestras de cansancio, se descansará de vez en cuando en una silla.
- ☉ Al trabajar de pie se utilizará calzado adecuado.
- ☉ Si al trabajar de pie durante un tiempo no hay cambios de lugar, se alternará la posición de los pies.
- ☉ Al trabajar sentado, hay que mantener la espalda apoyada en el respaldo de la silla, lo más recta posible.
- ☉ Al trabajar sentado, hay que colocar la mesa a la altura de los codos.
- ☉ Al trabajar sentado, hay que adecuar la altura de la silla al tipo de trabajo.
- ☉ Reducir los movimientos repetitivos, sobre todo si requieren un considerable esfuerzo.
- ☉ Cambiar de tarea de vez en cuando.
- ☉ Diseñar ergonómicamente los puestos de trabajo.
- ☉ Evitar una excesiva fuerza manual al tener que realizar los movimientos.
- ☉ Evitar esfuerzos prolongados.
- ☉ Utilizar herramientas manuales de diseño ergonómico.
- ☉ Si hay que utilizar herramientas manuales constantemente, es recomendable usar guantes que se ajusten bien a las manos.

⤴ **Fatiga mental:**

- ☉ Si una tarea requiere una fijación intensa de la vista, habrá que alternarla con otras tareas.
- ☉ Si una tarea requiere una atención considerable, hay que establecer pausas planificadas.

- Al trabajar sentado, el campo de visión de trabajo debe encontrase frente al trabajador. Además, la altura y la distancia de la vista sobre los objetos de trabajo deben ser las adecuadas.
- Si se utiliza pantalla de visualización de datos, el borde superior de esta debe encontrase, más o menos, a la altura de los ojos y a unos 50 cm de distancia; además, la mesa debe encontrase a la altura de los codos, la espalda apoyada en el respaldo de la silla y hacer uso de un reposapiés.
- La empresa debe contar con sistemas informáticos que procesen la información.
- Asegurarse de que las tareas que realizar son compatibles con las capacidades de los trabajadores y los recursos disponibles.
- Proporcionar el tiempo necesario para realizar las tareas de forma satisfactoria.
- Planificar la actividad para evitar prisas y plazos de entrega ajustados.
- Fomentar unos comportamientos adecuados: selección de los hechos relevantes, inducir a la racionalidad, etc.

NOTA

Reducir los movimientos repetitivos descansando cada 30 s es esencial para recuperar las tensiones.

Trabajador con la pantalla a la altura y distancia correcta respecto a los ojos, espalda apoyada en el respaldo de la silla, mesa a la altura de los codos y pies sobre un reposapiés

RECUERDA

Para evitar la fatiga física al trabajar de pie hay que utilizar el calzado adecuado.

4.2. La insatisfacción laboral

Ocasionada por diversos factores (monotonía, falta de autonomía, poca participación, bajo contenido de las tareas en relación con la capacidad del trabajador...), la insatisfacción laboral es difícilmente evaluable, pero generalmente repercute negativamente en el rendimiento del trabajador. Ante la aparición de síntomas de insatisfacción, desde la dirección de la empresa se deben tomar las correctas medidas preventivas. Algunas de ellas son:

Dotar de un mayor contenido a las tareas.

Hacer partícipes a los trabajadores en las tareas más relevantes.

Reconocer el trabajo bien realizado.

Asegurarse que los trabajadores aprecien la importancia de sus tareas.

Fomentar tareas que permitan a los trabajadores innovar en sus funciones.

Alternar de vez en cuando las tareas entre los trabajadores.

Ofrecer a los trabajadores la oportunidad de participar en decisiones y acciones que afecten a su tarea.

5. Identificación de los sistemas elementales de control de riesgos. Aplicación de los medios de protección colectiva. Manipulación de equipos de protección individual. Señalización de seguridad

La prevención de riesgos laborales tiene como objetivo principal la protección de la seguridad y la salud de los trabajadores a través de la eliminación de los riesgos o, al menos, controlándolos.

Hay que determinar la fuente de daño y seleccionar las medidas de control. Estas medidas normalmente se pueden encuadrar en dos grandes grupos y/o sistemas de control: medidas de protección colectiva y equipos de protección individual; aunque hay clasificaciones que abarcan un poco más, como se muestra a continuación, es decir, los empleados para controlar los riesgos en su origen, los aplicados en el medio de propagación y los aplicados a los trabajadores.

5.1. Sistemas elementales de control de riesgos

A continuación, se describen varios sistemas elementales para controlar los riesgos que ocurren en el origen, en el medio de propagación y a los trabajadores.

Sistemas y/o métodos para controlar los riesgos en el origen

Los riesgos en el origen pueden ser controlados mediante:

Selección
- Un proceso de selección de equipos y diseños adecuados.

Sustitución
- La sustitución de todas aquellas máquinas, herramientas, productos peligrosos, etc., por otras que entrañen menos peligro.

Continúa en página siguiente >>

<< Viene de página anterior

Aislamiento
- Si no se puede evitar el riesgo, al menos es conveniente minimizarlo, acotando y cerrando el espacio de trabajo. Además, pueden adoptarse medidas complementarias como la señalización y la restricción de entrada a estos lugares.

Métodos húmedos
- Aplicar a determinados procesos chorros de agua u otro líquido, evitando o disminuyendo así la generación de polvo.

Extracción localizada
- Se aplica en el punto donde se genera la contaminación, reduciendo la concentración de contaminantes antes de su difusión al medio de propagación.

Sistema de extracción localizada

Sistemas y/o métodos de control aplicados en el medio de propagación

Habrá que intervenir sobre el medio de propagación siempre que la actuación sobre el foco (origen) resulte insuficiente. Entre los métodos de control podemos destacar:

Orden y limpieza
- Se trata de una de las medidas básicas en la prevención de riesgos profesionales.

Ventilación general
- En el caso de haber productos volátiles en el ambiente de trabajo, la dilución o mezcla del aire contaminado con aire puro conseguirá reducir los contaminantes y mantenerlos por debajo de unos límites aceptables.

Sistemas de alarma
- Método técnico que alerta a los trabajadores de situaciones peligrosas y así poder evitar daños en los trabajadores.

Sistemas y/o métodos de control aplicados a los trabajadores

Cuando las actuaciones en el origen y en el medio de propagación hayan sido insuficientes, se deben tomar medidas de protección sobre el trabajador.

En primer lugar, hay que tener en cuenta que es preferible la adopción de **medidas de protección colectiva** que la utilización de protección individual. También es importante saber que los **equipos de protección individual** no reducen el peligro, sino las posibles consecuencias.

 IMPORTANTE

Los sistemas de protección colectiva suelen ser más importantes que los equipos de protección individual, entre otras cosas porque protegen a varios trabajadores a la vez.

Por otro lado, los encargados de la prevención en la empresa tendrán presentes:

Métodos de trabajo
- Buscan evitar una exposición excesiva a los peligros mediante el establecimiento de procedimientos, normas e instrucciones de trabajo que definan la correcta realización de las tareas.

Formación e información
- Capacitará a los trabajadores para identificar los riesgos derivados de su trabajo y así evitarlos.

Rotación del personal
- Ante el peligro, la reducción del tiempo de exposición minimizará el riesgo.

ACTIVIDAD COMPLEMENTARIA

11. Cita un ejemplo de sistema, máquina o equipo utilizado para controlar un riesgo en su origen.

Además, indica por qué crees que hay que anteponer las medidas de protección colectiva a los equipos de protección individual.

5.2. Otros sistemas de control de riesgos: protección colectiva y protección individual

Cuando los riesgos no se pueden evitar, hay que evaluarlos y, tras ello, poner en práctica las medidas preventivas necesarias. Entre estas se encuentran los sistemas de protección colectiva y los equipos de protección individual.

Protección colectiva

Los sistemas de protección colectiva son aquellos medios de seguridad utilizados para proteger a varios trabajadores. Ya sea para evitar el riesgo o controlarlo, los principales sistemas de protección colectiva son los que se presentan a continuación.

Redes de seguridad

Las redes de seguridad son utilizadas en aquellos lugares en los que se pretende evitar o disminuir la caída de las personas y/u objetos a distinto nivel. Destacan las siguientes:

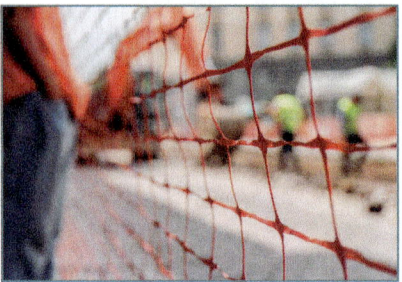

Redes tipo tenis
- Normalmente se instalan para evitar la caída en edificios en obras, en los bordes de los forjados de plantas diáfanas. Se colocan por la cara interior de los pilares de fachada.

Redes verticales
- Se utilizan para evitar la caída por huecos verticales; por ello, normalmente se instalan en fachadas, tanto exteriores como las que dan a grandes patios interiores.

Redes horizontales
- Normalmente se utilizan en obras para evitar caídas por los huecos horizontales, por ejemplo, por los huecos de los forjados.

Redes con soporte tipo horca
- Son redes verticales de fachada que sirven para limitar las caídas que se produzcan desde plantas superiores.

Barandillas de seguridad

Las barandillas de seguridad son elementos cuyo objetivo es evitar la caída de personas al vacío cuando se encuentran trabajando o circulando en altura.

Las barandillas de seguridad deben:

➲ Ser sólidas y rígidas, por lo que todos sus componentes deben poseer estas características.
➲ Tener una barra superior situada a más de 90 cm del suelo, una barra intermedia y un rodapié de al menos 15 cm de altura.

 NOTA

Según la Nota Técnica de Prevención 669, se recomienda que la altura de la barra superior sea de 1.000 mm ±50 mm, la de la barra intermedia de al menos 470 mm y la del rodapié de 150 mm.

Barandilla de seguridad en plataforma sobre andamio tubular

NOTA

La protección de la plataforma de trabajo por medio de barandillas de seguridad no es obligatoria si la altura de la posible caída es inferior a 2 m.

Resguardos de las máquinas

Los resguardos son aquellos elementos protectores que poseen las máquinas para impedir que el trabajador entre en contacto con las partes peligrosas, evitando golpes, cortes, atrapamientos...

Resguardo fijo

Los resguardos garantizan la protección del trabajador mediante una barrera material que, dependiendo de sus características, puede ser una carcasa, una cubierta, una pantalla, una tapa, etc. Sea cual sea el tipo de resguardo, lo principal es que cumpla con una serie de requisitos:

- ⮫ Ser sólidos y resistentes.
- ⮫ Retener perfectamente las proyecciones.
- ⮫ No ocasionar peligros suplementarios.
- ⮫ No se pondrán fuera de funcionamiento con facilidad.
- ⮫ Permitirán intervenciones indispensables como colocación, mantenimiento...

A grandes rasgos, podemos encontrar dos tipos de resguardos:

Resguardos fijos
- Se mantienen en posición de cerrado (por soldadura, tornillos, etc.) para evitar que puedan retirarse, pudiéndose abrir solo en el caso de ayudarse de herramientas. Pueden ser envolventes, que encierran completamente la zona peligrosa, o distanciadores, que hacen inaccesible la zona peligrosa.

Resguardos móviles
- Articulados o guiados, permiten su apertura sin la utilización de herramientas. Para garantizar su eficacia deben ir asociados a un dispositivo de enclavamiento, con o sin bloqueo.

Interruptor diferencial

El interruptor diferencial es un dispositivo de seguridad que desconecta automáticamente el sistema eléctrico cuando se produce una derivación de corriente, es decir, tiene la capacidad de detectar la diferencia entre la corriente de entrada y la de salida en un circuito.

Interruptor diferencial

Cuando esta diferencia supera el valor determinado para el que está calibrado (sensibilidad), el dispositivo abre el circuito, interrumpiendo el paso de la corriente a la instalación que protege.

Iluminación

A pesar de ser un factor de calidad de vida, a la iluminación en muchas ocasiones no se le da la debida importancia.

Empresa bien iluminada

Los ojos suelen adaptarse, al menos a corto plazo, a condiciones deficientes de iluminación. Pero si la deficiencia de iluminación es prolongada, podemos empezar a sufrir molestias, a veces directamente en los ojos (irritación, cansancio ocular, etc.) y otras veces molestias no oculares, como dolor de cabeza o fatiga.

En cualquier centro de trabajo es imprescindible que las tareas se realicen bajo unas óptimas condiciones de iluminación. Para ello, hay que:

- Disponer de luz natural.
- Disponer de persianas u otros dispositivos para evitar deslumbramientos.
- Disponer de un sistema de iluminación artificial complementaria, general, proveniente de las lámparas y los focos del techo y las paredes, y localizada, para disponer de un mayor nivel de luz en aquellos puestos de trabajo que lo requieran.

Ventilación

La ventilación es un sistema de protección colectiva basado en la sustitución del aire del interior de un recinto por otro en mejores condiciones (temperatura, humedad, pureza, etc.).

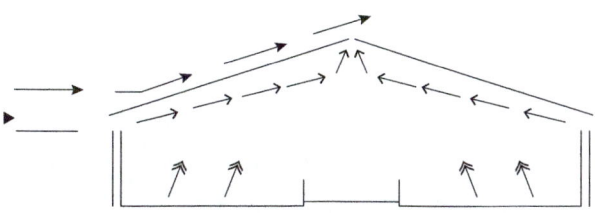

Esquema representativo de ventilación general

En los establecimientos normalmente nos encontramos con dos tipos de ventilación: natural, basada en aperturas (puertas, ventanas...), y artificial, basada en máquinas y/o equipos que extraen, producen e introducen aire para mantenerlo en buenas condiciones en el local de trabajo.

Ya sea natural y/o artificial, otra clasificación distingue:

Ventilación general
- Utilizada para reducir la contaminación hasta unos niveles aceptables en todo el espacio de la empresa.

Ventilación localizada
- Utilizada para eliminar el agente contaminante en el mismo foco de generación, impidiendo así su dispersión por el local.

IMPORTANTE

La ventilación general y la ventilación localizada deben estar presentes en los lugares de trabajo, ya se utilicen por separado o a la vez.

Climatización

La temperatura y el grado de humedad de los locales son dos condicionantes importantes para salvaguardar la salud de los trabajadores (resfriados, fatiga, etc.). Por ello, es necesario instalar un buen sistema de climatización.

Climatización artificial en el local de trabajo

El Real Decreto 486/1997, de 14 de abril, por el que se establecen las disposiciones mínimas de seguridad y salud en los lugares de trabajo, en su artículo 7 refleja las obligaciones del empresario respecto a las condiciones ambientales, destacando su punto 1:

La exposición a las condiciones ambientales de los lugares de trabajo no deberá suponer un riesgo para la seguridad y salud de los trabajadores. A tal fin, dichas condiciones ambientales y, en particular, las condiciones termo higrométricas de los lugares de trabajo deberán ajustarse a lo establecido en el anexo III.

El mencionado anexo III del Real Decreto 486/1997 dice, entre otras cosas, que en los locales de trabajo cerrados:

La temperatura de los locales donde se realicen trabajos sedentarios propios de oficinas o similares estará comprendida entre 17 y 27 °C.

La temperatura de los locales donde se realicen trabajos ligeros estará comprendida entre 14 y 25 ºC.

La humedad relativa estará comprendida entre el 30 y el 70 %, excepto en los locales donde existan riesgos por electricidad estática en los que el límite inferior será el 50 %.

Por último, hay que indicar que, además de un buen sistema de climatización, hay que tomar otra serie de medidas preventivas para evitar los problemas que puedan acarrear la temperatura y la humedad:

➲ Actuar sobre las fuentes de calor, generalmente apantallando los focos radiantes.
➲ Actuar sobre los trabajadores: ropa de trabajo adecuada, rotar a los trabajadores, etc.

 RECUERDA

La temperatura de lugares donde se realicen trabajos sedentarios debe estar comprendida entre 17 y 27 °C, mientras que en donde se realicen trabajos ligeros estará comprendida entre 14 y 25 °C.

Señalización

La señalización de seguridad es un tipo de protección colectiva que siempre debe utilizarse como medida complementaria.

Consiste en el uso de señales visuales y sonoras para informar a los trabajadores y los usuarios sobre determinados riesgos, prohibiciones, obligaciones, etc., en materia de seguridad:

Señales en forma de panel

Señales luminosas

Señales acústicas

Comunicaciones verbales

Señales gestuales

En las empresas, las señales más habituales son las visuales en forma de panel, aunque también es importante que haya señales sonoras, como es el caso de una alarma. Entre las señales en forma de panel destacan:

- **Señal de advertencia.** Triangular, con pictograma negro sobre fondo amarillo.
- **Señal de obligación.** Redonda, con pictograma blanco sobre fondo azul.
- **Señal de prohibición.** Redonda, con pictograma negro sobre fondo blanco, y borde y banda roja.
- **Señal de lucha contra incendios.** Cuadrada o rectangular, con pictograma blanco sobre fondo rojo.
- **Señal de salvamento o socorro.** Cuadrada o rectangular, con pictograma blanco sobre fondo verde.

Señales en forma de panel relativas a la lucha contra incendios

Es importante destacar que la señalización debe cumplir una serie de requisitos generales para que sea eficaz:

- Atraer la atención de los trabajadores.
- Ser clara.
- Dar a conocer su mensaje con suficiente antelación.
- Ofrecer la posibilidad real de cumplimiento.

Limpieza

Aunque no se trata de un sistema de protección propiamente dicho, la limpieza sí es una medida que protege colectivamente a los trabajadores. Por ello, se analiza en este apartado.

IMPORTANTE

Junto con el orden, la limpieza es una de las medidas básicas para la prevención de riesgos. Por ello, hay que fomentar el interés de los trabajadores por esta tarea básica que puede evitar incendios, caídas, choques...

En el Real Decreto 486/1997, de 14 de abril, por el que se establecen las disposiciones mínimas de seguridad y salud en los lugares de trabajo, se hace alusión, en su anexo II, al orden, la limpieza y el mantenimiento, aunque a continuación solo se reflejarán cuestiones referidas al orden y la limpieza:

- Las zonas de paso y las salidas, especialmente las vías y las salidas de emergencia, permanecerán libres de obstáculos.
- Los lugares de trabajo se limpiarán periódicamente, además de siempre que sea necesario.
- Se eliminarán rápidamente los desperdicios, las manchas de grasa, los residuos de sustancias peligrosas y los demás productos residuales que puedan originar accidentes o contaminar el ambiente de trabajo.

Pasillo del almacén limpio y libre de obstáculos

Es importante saber que el mantenimiento del orden y la limpieza adecuados es una de las obligaciones de los trabajadores, es decir, cada uno de ellos mantendrá en condiciones su lugar de trabajo para así evitar que constituya una fuente de riesgo adicional.

Ante la presencia de cables y equipos móviles, también hay que tomar las adecuadas medidas preventivas. Respecto a los cables, hay que decir que estos nunca deben encontrarse a nivel del pavimento, sino por paredes, debajo del pavimento, etc., mientras que la maquinaria móvil debe encontrarse señalizada y, cuando deje de utilizarse, estacionada en el lugar destinado para ello.

Por último, hay que indicar que el orden y la limpieza correctos del lugar de trabajo no podrán darse en condiciones si los trabajadores no poseen hábitos consolidados para ello. En este sentido, juega un papel esencial la información y la formación de los trabajadores, teniendo muy en cuenta que los conocimientos y las recomendaciones ofrecidas hay que consolidarlas.

Además de formar e informar a los trabajadores, hay que:

- Considerar la limpieza y la ordenación como tareas propias del trabajo, es decir, integrarlas en las tareas regulares de la empresa.
- Recibir el apoyo firme de la dirección de la empresa.
- Asignar responsabilidades.

Sistemas de protección contra incendios

Los sistemas de protección contra incendios están destinados a, en caso de iniciarse un incendio, limitar su propagación y reducir sus consecuencias. Destacan:

Protección estructural
- Tiene que aparecer en la fase de proyecto del local y consiste en diseñar los elementos constructivos y los materiales de forma que constituyan una barrera contra el avance del posible incendio, además de lograr su aislamiento en sectores de incendio controlados. Es lo que se conoce como sectorización.

Continúa en página siguiente >>

<< Viene de página anterior

Detección y alarma
- Sistema para detectar lo antes posible la existencia de un incendio en cualquier lugar de la empresa y avisar para que se ponga en marcha la evacuación de las personas y la extinción del incendio.

Extinción
- Sistema basado en medios automáticos de lucha contra el fuego para que se actúe lo antes posible y de la manera más eficaz.

Como los trabajadores normalmente solo pueden advertir la presencia de sistemas de detección y alarma, y sistemas de extinción, serán solo estos los que se analicen a continuación.

Los **sistemas de detección de incendios** descubren la presencia de un fuego en un lugar determinado y envían la señal a otros sistemas (principalmente alumbrado de emergencia y alarma) para que avisen del hecho peligroso. Revelan la presencia de fuego a través de alguno de los fenómenos acompañantes de este: gases, humos, alta temperatura, etc.

Detector de incendio: avisa de un incendio en su fase inicial.

IMPORTANTE

En la instalación de detectores de incendios hay que tener en cuenta las ordenanzas de los diferentes municipios.

Los sistemas de alarma normalmente se basan en señales acústicas, señales visuales o la combinación de ambas.

Generalmente, las señales acústicas (sonido audible) son las que avisan sonoramente de la situación de emergencia.

Alarma: su sonido alerta de una situación peligrosa.

Por otro lado, las señales visuales suelen darse por medio del alumbrado de emergencia, sistema basado en luminarias para que sean atendidas en caso de emergencia.

Alumbrado de emergencia: sus lámparas se encienden ante la situación peligrosa.

Finalmente, los **sistemas automáticos de extinción** están destinados a, una vez que se detecte el incendio, actuar mecánicamente para extinguirlo.

Normalmente, las empresas instaladoras montan estos sistemas dependiendo del material que puede arder en el lugar o si hay materiales de condiciones especiales:

Combustibles sólidos
- Para incendios cuando arden combustibles sólidos (madera, papel, etc.), se suelen utilizar sistemas de extinción de agua, ya sean rociadores o de agua pulverizada.

Líquidos
- Para incendios cuando arden líquidos, se suelen utilizar sistemas de extinción con espuma.

Equipos electrónicos
- En locales donde se quieran proteger los equipos electrónicos e informáticos, se suelen utilizar sistemas de extinción de gases.

Rociador de agua

 NOTA

Como una de las características de la protección colectiva es que no molesta a los trabajadores, los extintores de incendios portátiles y las bocas de incendio no han sido mencionados en este punto (tienen que ser utilizados directamente por los trabajadores).

Protección individual

El Real Decreto 773/1997 define al equipo de protección individual (EPI) como "cualquier equipo destinado a ser llevado o sujetado por el trabajador para que le proteja de uno o varios riesgos que puedan amenazar su seguridad o su salud, así como cualquier complemento o accesorio destinado a tal fin".

Tras la definición, todo trabajador debe saber que:

1 - Para combatir los riesgos siempre son prioritarios los sistemas de protección colectiva. Con ello se quiere dejar claro que la utilización de EPI es una medida secundaria, y en ocasiones complementaria, respecto a los sistemas de protección colectiva.

2 - En todo EPI debe aparecer el marcado CE, a través del cual el fabricante declara que el equipo se ajusta a una serie de disposiciones obligatorias relativas a la seguridad.

3 - Todo EPI debe traer un folleto informativo en español sobre instrucciones de uso, limitaciones, mantenimiento, limpieza, caducidad, etc.

 RECUERDA

Para combatir los riesgos siempre son prioritarios los sistemas de protección colectiva.

A continuación, se describen los principales equipos de protección individual (EPI).

Casco de seguridad

El casco de seguridad es aquel equipo de protección individual destinado a la protección de la cabeza ante impactos mecánicos, aunque también puede proteger ante riesgos de naturaleza térmica o eléctrica.

NOTA

Quienes realicen tareas en altura deben hacer uso de cascos que protejan ante riesgos eléctricos por la posible cercanía a líneas eléctricas.

El casco de seguridad es el equipo de protección más usado en el sector de la construcción y el industrial.

Guantes de seguridad

Los guantes de seguridad están destinados a la protección de las manos ante cortes, golpes, quemaduras, contactos eléctricos, productos químicos, objetos que pueden generar una infección biológica (jeringuilla, bisturí...), etc.

Por ello, hay que tener muy claro qué tipo de guantes están específicamente diseñados para los riesgos y las tareas correspondientes. En la elección de los guantes deben evaluarse los riesgos, ya que ello determinará las propiedades relevantes y los niveles de prestación aceptables.

Guantes de seguridad

Protectores respiratorios

Por otra parte, las partículas o las sustancias presentes en el aire pueden afectar a la salud del trabajador. Por ello, en estos casos es necesaria la utilización de protectores respiratorios, por ejemplo, mascarillas.

Mascarilla

Calzado para la protección individual

Según la Nota Técnica de Prevención 813, el calzado para la protección individual puede ser:

Calzado de seguridad
- Calzado que incorpora elementos para proteger al usuario de riesgos que puedan dar lugar a accidentes. Está equipado con tope de seguridad para proteger la parte delantera del pie (dedos), diseñado para ofrecer protección contra el impacto cuando se ensaya con un nivel de energía de, al menos, 200 J y contra la compresión cuando se ensaya con una carga de, al menos, 15 kN.

Calzado de protección
- Calzado que incorpora elementos para proteger al usuario de riesgos que puedan originar accidentes. Está equipado con tope de seguridad para proteger la parte delantera del pie (dedos), diseñado para ofrecer protección contra el impacto cuando se ensaya con un nivel de energía de, al menos, 100 J y contra la compresión cuando se ensaya con una carga de, al menos, 10 kN.

Calzado de trabajo
- Calzado que incorpora elementos para proteger al usuario de riesgos que puedan dar lugar a accidentes. No garantiza protección contra el impacto y la compresión en la parte delantera del pie.

Siguiendo las definiciones anteriores, el nivel de protección es mayor con el calzado de seguridad, luego con el calzado de protección y el que menor grado de protección ofrece es el calzado de trabajo.

Los trabajadores deben utilizar el calzado que más les convenga, siendo necesario, en los casos que necesitan más protección, la utilización de calzado de seguridad con las siguientes características:

- Dieléctrico.
- Antideslizante.
- Hidrófugo.

 DEFINICIÓN

Material dieléctrico
Aquel considerado como mal conductor de la electricidad.

Material hidrófugo
Aquel que evita la filtración de la humedad.

Calzado de seguridad

Protectores auditivos

Ante la presencia en el ambiente de trabajo de un alto nivel de ruido, los trabajadores deben hacer uso de protectores auditivos.

NOTA

En caso de que en el área de trabajo se sobrepase el valor de exposición al ruido de 87 dB(A), los trabajadores obligatoriamente utilizarán un protector auditivo.

- -

La fabricación y la comercialización de los protectores auditivos (orejeras o tapones) se rigen por la normativa propia de los equipos de protección individual, siendo necesaria la certificación de la Unión Europea (CE), que garantiza el cumplimiento de ciertas prestaciones.

Protectores auditivos: orejeras y tapones

Protectores oculares

Ante la posibilidad de que las tareas puedan dañar los ojos, deben utilizarse protectores oculares.

Su eficacia será la idónea si su resistencia es la adecuada y si su diseño o montura, o bien unos elementos adicionales adaptables a ella, protegen los ojos en cualquier dirección.

Es recomendable saber que deben utilizarse protectores oculares filtrantes si hay riesgo de exposición a radiaciones ópticas (ultravioleta, infrarroja o láser).

Protector ocular: gafas de seguridad

Protectores dorsolumbares

Aquellos trabajadores que puedan sufrir lesiones dorsolumbares, por ejemplo, los que constantemente manipulan manualmente cargas, deben utilizar protectores.

Los problemas que pueden sufrir en la espalda (en la columna o musculares) y la cintura deben ser evitados, entre otros, con la ayuda de equipos de protección individual, como es el caso de fajas y cinturones. Estos equipos también son muy indicados cuando el trabajador ya sufre patologías.

Faja dorsolumbar

Ropa de protección

Si la ropa utilizada por un trabajador evita riesgos, esta ropa es considerada un equipo de protección individual.

La ropa de protección puede estar fabricada para evitar distintos riesgos, por ejemplo, el riesgo por trabajar a bajas temperaturas, el riesgo de quemaduras, el riesgo al trabajar con productos químicos, etc.

Ropa especial para soldar

6. Resumen

La prevención de riesgos laborales constituye un elemento esencial para garantizar la seguridad y la salud de los trabajadores, reduciendo tanto los accidentes como las enfermedades profesionales. En el marco de esta unidad se han analizado los **riesgos generales en el trabajo y su prevención,** clasificándolos en función de su origen y sus efectos sobre la salud.

Los **riesgos ligados a las condiciones de seguridad** incluyen caídas, golpes, atrapamientos, cortes, contactos eléctricos y fallos en instalaciones o máquinas. Se ha destacado la importancia de evaluar los lugares de trabajo, los equipos y las instalaciones, aplicando medidas como barandillas, resguardos, señalización, revisiones periódicas y la correcta manipulación de herramientas y maquinaria.

En relación con el **medioambiente de trabajo,** se identifican los agentes físicos (ruido, vibraciones, radiaciones, iluminación deficiente y condiciones térmicas inadecuadas), los agentes químicos (polvos, gases, humos, vapores y sustancias tóxicas) y los agentes biológicos (bacterias, virus, hongos y parásitos). Cada uno de ellos puede provocar daños específicos sobre la salud, desde hipoacusia hasta intoxicaciones o infecciones, por lo que se requieren medidas colectivas (ventilación, aislamiento, filtros, climatización y señalización) y el uso de equipos de protección individual adecuados.

Asimismo, se han abordado los **riesgos de naturaleza psicosocial,** derivados de la carga de trabajo, la fatiga física y mental, y la insatisfacción laboral. Estos factores influyen directamente en la seguridad y el bienestar de los empleados, por lo que deben prevenirse mediante pausas, rotación de tareas, ergonomía, buena organización del trabajo, participación del personal y hábitos saludables.

En cuanto a los **sistemas de control de riesgos,** se clasifican en tres niveles:

- ➲ **En el origen del riesgo:** selección adecuada de equipos, sustitución de materiales peligrosos, aislamiento de procesos y sistemas de extracción localizada.
- ➲ **En el medio de propagación:** orden y limpieza, ventilación general, climatización y sistemas de alarma.
- ➲ **Sobre el trabajador:** medidas de protección colectiva y equipos de protección individual.

Los **sistemas de protección colectiva** incluyen redes y barandillas de seguridad, resguardos de máquinas, interruptores diferenciales, señalización, iluminación, ventilación, climatización, limpieza y sistemas de protección contra incendios (detección, alarma y extinción).

Por su parte, los **equipos de protección individual (EPI)** son imprescindibles cuando la protección colectiva no es suficiente. Entre ellos destacan el casco de seguridad, los guantes, los protectores respiratorios, el calzado de seguridad, los protectores auditivos, las gafas de protección ocular, las fajas dorsolumbares y la ropa de protección.

Ejercicios de autoevaluación
Unidad de Aprendizaje 2

1. En las oficinas, ¿cuál debe ser la altura mínima de los techos?

    a. 2 m
    b. 2,5 m
    c. 3 m
    d. 3,5 m

2. En el mundo de la electricidad, ¿qué son las cinco reglas de oro?

    a. Las características que debe tener una instalación eléctrica para que sea segura.
    b. Los pasos que seguir para trabajar sin tensión.
    c. Los sistemas de seguridad que deben tener los equipos eléctricos.
    d. Todas las opciones son correctas.

3. ¿Cuándo se considera que el ruido puede provocar daños en los oídos?

    a. Si durante una jornada interrumpida de 8 h se mantiene un nivel de ruido mayor de 60 dB (A).
    b. Si durante una jornada interrumpida de 8 h se mantiene un nivel de ruido mayor de 70 dB (A).
    c. Si durante una jornada interrumpida de 8 h se mantiene un nivel de ruido mayor de 80 dB (A).
    d. Todas las opciones son incorrectas.

4. ¿Qué tipo de riesgo representan las intoxicaciones por inhalación de productos químicos?

    a. Psicosocial.
    b. Químico.
    c. Físico.
    d. Ergonómico.

5. No es un método de actuación ante la presencia de agentes químicos...

    a. ... actuar sobre la estructura del local.
    b. ... actuar sobre el foco contaminante.
    c. ... actuar sobre el medio de difusión.
    d. ... actuar sobre el individuo receptor.

6. ¿Cuál de los siguientes tipos de red de seguridad está destinado a limitar la caída de personas y/u objetos?

    a. Red tipo tenis.
    b. Red vertical.
    c. Red horizontal.
    d. Red con soporte tipo horca.

7. No es un requisito que debe cumplir la señalización del lugar de trabajo...

    a. ... ser luminosa.
    b. ... ofrecer la posibilidad real de cumplimiento.
    c. ... dar a conocer el mensaje con suficiente antelación.
    d. ... atraer la atención de los trabajadores.

8. ¿Cuál de las siguientes opciones es un sistema de protección contra incendios?

    a. Protección estructural.
    b. Detección y alarma.
    c. Extinción.
    d. Todas las opciones son correctas.

9. ¿Cuál de los siguientes tipos de calzado es el que mayor protección ofrece?

    a. Calzado de seguridad.
    b. Calzado de protección.
    c. Calzado de trabajo.
    d. Calzado termoplástico.

10. **¿Cuál de las siguientes afirmaciones describe correctamente un material dieléctrico?**

    a. Es un material que evita la filtración de la humedad.
    b. Es un material que conduce eficazmente la electricidad.
    c. Es un material considerado como mal conductor de la electricidad.
    d. Es un material que absorbe la humedad del ambiente.

Introducción a la gestión de la prevención de riesgos laborales

Contenido

Objetivos

El objetivo general de esta Unidad de Aprendizaje:

→ Identificar los derechos y las obligaciones de los trabajadores en relación con la seguridad y la salud en el trabajo a fin de tomar conciencia sobre la importancia de involucrarse en la PRL.

Los objetivos específicos de esta Unidad de Aprendizaje son:

→ Identificar los principales organismos e instituciones nacionales e internacionales relacionados con la prevención de riesgos laborales, reconociendo sus funciones y ámbitos de actuación.
→ Analizar las obligaciones y las responsabilidades del empresario en materia preventiva, incluyendo la evaluación de riesgos, la planificación, la formación y la vigilancia de la salud de los trabajadores.
→ Describir las distintas modalidades de organización preventiva en la empresa, valorando la importancia de la participación de los delegados de prevención y de los comités de seguridad y salud.
→ Aplicar los principios de la gestión documental y de las rutinas básicas preventivas como herramientas para consolidar una cultura de seguridad y salud en el trabajo.
→ Analizar una situación real en la que una empresa incumple obligaciones básicas de prevención, aplicando los conocimientos adquiridos sobre organización preventiva, representación de los trabajadores y documentación obligatoria.

1. Introducción

En la actualidad, aunque se siguen produciendo casos de accidentes y enfermedades laborales, además de otras patologías derivadas del trabajo, es cierto que las cifras son menores que en épocas anteriores; ello es debido en parte a la regulación de este campo y a la correcta gestión de la prevención.

La regulación por medio de la normativa, entre otras cosas, reconoce el derecho de representación y participación de los trabajadores, además de ofrecer una serie de conceptos básicos para comprender mejor el mundo de la prevención, pero a la vez son conceptos muy importantes porque sus definiciones son legales y ello puede aclarar muchos asuntos y casos como el reconocimiento de accidentes y enfermedades laborales.

No hay que olvidar la importancia de la gestión de la prevención de las empresas, la cual, según el caso, puede asumirla personalmente el empresario, designar a uno o varios trabajadores para ello, constituir un servicio de prevención propio o recurrir a un servicio de prevención ajeno.

Los trabajos realizados en cualquier tipo de empresa conllevan una serie de riesgos para la seguridad y la salud de los propios trabajadores.

Por ello, a continuación, se ha realizado un estudio para que en pymes y micropymes sepan gestionar correctamente la prevención.

2. Organismos públicos relacionaos con la seguridad y la salud en el trabajo

Dentro del derecho del trabajo y, especialmente, en el ámbito de la seguridad y la salud en el trabajo, adquieren especial importancia los convenios elaborados en el seno de la Organización Internacional del Trabajo (OIT) y los tratados y directivas europeas asumidas por España al formar parte, como miembro de pleno derecho, de la Unión Europea.

2.1. Instituciones y organismos internacionales

A continuación, se explican las principales instituciones y organismos internacionales que velan por la seguridad y la salud en el trabajo.

La Organización Internacional del Trabajo (OIT)

La OIT, con sede en Ginebra, es sin duda una de las organizaciones internacionales laborales más importantes, tanto por su antigüedad como por la intensidad de sus actividades y el gran número de países que pertenecen a este organismo.

Bandera de la Organización Internacional del Trabajo

Entre las funciones más importantes de la OIT destacan:

- ⮞ Asistencia técnica.
- ⮞ Recopilación y difusión de información.
- ⮞ Elaboración y aprobación de convenios y recomendaciones internacionales.

Los **convenios de la OIT,** una vez ratificados por un Estado miembro concreto, son instrumentos destinados a la creación de obligaciones de carácter internacional. Las recomendaciones, sin embargo, no generan ningún tipo de obligación internacional, estando orientadas a establecer pautas o directrices para el posterior desarrollo de la legislación laboral en los Estados miembros.

España es uno de los Estados que más convenios de la OIT ha ratificado, siendo de máxima importancia el *Convenio 155, sobre Seguridad y Salud de los Trabajadores y Medio Ambiente de Trabajo,* adoptado con fecha 22 de junio de 1981. En la misma fecha se adoptó la Recomendación 164, sobre Seguridad y Salud de los Trabajadores.

SABÍAS QUE...

La OIT fue fundada en 1919, después de una guerra destructiva, basada en una visión según la cual una paz duradera y universal solo puede ser alcanzada cuando está fundamentada en el trato decente de los trabajadores. La OIT se convirtió en la primera agencia de las Naciones Unidas en 1946.

La Unión Europea

A continuación, vamos a ver las instituciones básicas de la Unión Europea:

➲ **El Consejo.** Es el principal órgano decisorio, con máximas competencias en materia legislativa y reglamentaria, excepto en los casos en que estas competencias sean compartidas con el Parlamento. Está formado por los ministros responsables de los asuntos tratados (Asuntos Exteriores, Economía, Trabajo, etc.). Cuando se reúnen los jefes de Gobierno de los Estados miembros junto con el presidente de la Comisión forman el llamado Consejo Europeo, organismo que no legisla, pero define las políticas generales de la UE.

Edificio del Consejo de la Unión Europea en Bruselas
(© Fotografía: Kiev.Victor / Shutterstock.com)

➲ **La Comisión.** Es el órgano encargado de velar por los intereses de la Unión Europea en su conjunto, es decir, es independiente de los Gobiernos de los países miembros. Esta comisión elabora propuestas para las nuevas leyes, que presenta al Parlamento Europeo y al Consejo. También posee poder ejecutivo, ya que es la responsable de aplicar las decisiones del Parlamento y el Consejo. La Comisión se designa cada 5 años y está compuesta por comisarios elegidos de los Estados miembros, pero estos actuarán en interés de la Unión en su conjunto sin recibir instrucciones de los Gobiernos nacionales.

La Comisión tiene su sede en Bruselas (Bélgica).

Sede de la Unión Europea

⮩ **El Parlamento Europeo.** Está compuesto por diputados elegidos por sufragio universal directo. A pesar de su nombre, el Parlamento no legisla, sino que solo puede formular dictámenes consultivos propuestos por la Comisión, así como mejorar la legislación por medio de enmiendas o aprobar, junto con el Consejo, reglamentos y directivas de determinadas materias.

El Parlamento Europeo tiene su sede en Estrasburgo (Francia).

Interior del Parlamento Europeo (© Fotografía: Drop of Light / Shutterstock.com)

➲ **El Tribunal de Justicia.** Le corresponde el ejercicio del poder judicial, velando por la uniformidad de la interpretación y la aplicación del derecho comunitario, y supervisando la legalidad de las actuaciones de las demás instituciones europeas.

El Tribunal de Justicia tiene su sede en Luxemburgo.

Tribunal de Justicia de la Unión Europea
(© Fotografía: Christian Mueller / Shutterstock.com)

El 1 de enero de 1986, España entra a formar parte de la entonces llamada **Comunidad Económica Europea.** La primera gran reforma de los tratados fue el Acta Única Europea de 1986, en la que se da un nuevo impulso a las políticas comunes, resaltando la dimensión social especialmente en dos nuevos artículos relativos a política social y al mercado interior:

➲ Art. 118 A. Seguridad y salud en el trabajo.
➲ Art. 100 A. Normas de seguridad que deben seguir los productos comercializados en la Unión Europea.

Dentro de la Unión Europea existen otras instituciones con competencias en materia de seguridad y salud:

El Comité Consultivo para la Seguridad, la Higiene y la Protección de la Salud en el Centro de Trabajo
- Asiste a la Comisión en la preparación y la puesta en práctica de las actividades que se realicen en este ámbito.

La Agencia Europea para la Seguridad y Salud en el Trabajo
- Con sede en Bilbao, se crea para recoger toda la información técnica, científica y económica sobre la investigación relativa a la salud y la seguridad en el trabajo, examinarla y difundirla a través de una red formada por centros nacionales de referencia, siendo el de España el Instituto Nacional de Seguridad e Higiene en el Trabajo.

La Fundación Europea para la Mejora de las Condiciones de Vida y de Trabajo (EUROFOUND)
- Es un organismo autónomo con sede en Dublín, cuya misión es la recogida, el análisis, el debate y la difusión de la información relativa a las condiciones de vida y trabajo.

Logotipo de la Fundación Europea para la Mejora de las Condiciones de Vida y de Trabajo (EUROFOUND)

2.2. Organismos nacionales

A continuación, se explica de manera general el funcionamiento de diferentes organismos nacionales.

Instituto Nacional de Seguridad y Salud en el Trabajo (INSST)

Es el órgano científico-técnico especializado de la Administración General del Estado que tiene como misión el análisis y el estudio de las condiciones de seguridad y salud en el trabajo, así como la promoción y el apoyo a la mejora de estas. Para ello, establecerá la cooperación necesaria con los órganos de las comunidades autónomas con competencias en esta materia.

Logotipo del Instituto Nacional de Seguridad y Salud en el Trabajo

Algunas de las **funciones** que tiene que realizar el INSST son las que se destacan a continuación:

- Promoción y realización de actividades de formación, información, investigación, estudio y divulgación en materia de prevención de riesgos laborales, con la adecuada coordinación y colaboración con los órganos técnicos en materia preventiva de las comunidades autónomas.
- Apoyo técnico y colaboración con la Inspección de Trabajo y Seguridad Social en el cumplimiento de su función de vigilancia y control.
- Velar por la coordinación, además de apoyar el intercambio de información y experiencias entre las distintas Administraciones públicas.
- Fomentar y prestar apoyo a la realización de actividades de promoción de la seguridad y de la salud por las comunidades autónomas.
- Prestar, de acuerdo con las Administraciones competentes, apoyo técnico especializado en materia de certificación, ensayo y acreditación.
- Cualesquiera otras que sean necesarias para el cumplimiento de sus fines y le sean encomendadas en el ámbito de sus competencias, de acuerdo con la Comisión Nacional de Seguridad y Salud en el Trabajo y con la colaboración, en su caso, de los órganos técnicos de las comunidades autónomas con competencias en la materia.

Los **órganos** que forman el INSST son:

- La Dirección del INSST, que a su vez ejerce la Secretaría de la Comisión Nacional de Seguridad y Salud en el Trabajo.
- El Consejo General, en el que están representadas las organizaciones sindicales y empresariales y la Administración pública. Es el órgano participativo en la gestión del INSST.
- El INSST desarrolla su actividad técnica en diferentes sedes a nivel nacional:

    - Los Servicios Centrales (SS. CC.) en Madrid.
    - Los cuatro Centros Nacionales (CC. NN.):

        - Centro Nacional de Condiciones de Trabajo (CNCT) en Barcelona.
        - Centro Nacional de Medios de Protección (CNMP) en Sevilla.

⇕ Centro Nacional de Nuevas Tecnologías (CNNT) en Madrid.

⇕ Centro Nacional de Verificación de Maquinaria (CNVM) en Bizkaia.

◑ Los gabinetes provinciales de Ceuta y Melilla.

La Inspección de Trabajo y Seguridad Social

La **Inspección de Trabajo y Seguridad Social** es un servicio público cuya función es ejercer la vigilancia del cumplimiento de las normas de orden social y exigir las responsabilidades correspondientes en caso de infracción o incumplimiento. Para ello, debe:

Asegurar
- Que se respetan las condiciones de trabajo, proponiendo a la autoridad competente la sanción correspondiente cuando compruebe una infracción.

Asesorar e informar
- A las empresas y a los trabajadores sobre la manera más efectiva de cumplir las disposiciones, cuya vigilancia tiene encomendada.

Elaborar
- Los informes solicitados por los juzgados de lo social.

Informar
- A la autoridad laboral sobre los accidentes de trabajos mortales, muy graves o graves, y sobre aquellos otros que consideren necesarios, además de las enfermedades profesionales.

Comprobar
- Y favorecer el cumplimiento de las obligaciones por los servicios de prevención.

Ordenar
- La paralización inmediata de los trabajos cuando, a juicio del inspector, se advierta la existencia de riesgo grave e inminente para la seguridad y la salud de los trabajadores.

Administraciones públicas competentes en materia sanitaria

Las actuaciones de las Administraciones públicas competentes en materia sanitaria, referentes a la salud laboral, se llevarán a cabo a través de los aspectos señalados en el capítulo IV del Título I de la Ley 14/1986, de 25 de abril, General de Sanidad. En particular, a las Administraciones públicas competentes en materia sanitaria les corresponde:

Establecer
- El establecimiento de medios adecuados para la evaluación y el control de las actuaciones de carácter sanitario que se realicen en las empresas por los servicios de prevención.

Implantar
- La implantación de sistemas de información adecuados que permitan la elaboración de mapas de riesgos, estudios epidemiológicos, etc.

Supervisar
- La supervisión de la formación que deba recibir el personal sanitario en materia de salud laboral.

Elaborar
- La elaboración y la divulgación de estudios, investigaciones y estadísticas relacionados con la salud de los trabajadores.

Otras Administraciones públicas relacionadas con la seguridad y la salud en el trabajo

Hay que señalar las competencias atribuidas al Ministerio de Industria, Comercio y Turismo, reguladas en la Ley de Industria, en relación con la ordenación y la seguridad industrial.

Logotipo oficial del Ministerio de Industria, Comercio y Turismo

Comisión Nacional de Seguridad y Salud en el Trabajo

Es el órgano colegiado asesor de las Administraciones públicas en la formulación de las políticas de prevención, y órgano de participación institucional en materia de seguridad y salud en el trabajo.

La Comisión estará formada por representantes de:

La Administración General del Estado.

Las Administraciones de las comunidades autónomas y de las ciudades de Ceuta y Melilla.

Las organizaciones empresariales y sindicales más representativas.

La Comisión conocerá, podrá informar y formular propuestas referentes a:

- Criterios y programas generales de actuación.
- Proyectos de disposiciones de carácter general.
- Coordinación de las actuaciones desarrolladas por las Administraciones públicas competentes en materia laboral, sanitaria y de industria.

 APLICACIÓN PRÁCTICA

La empresa Construcciones Seguras S. A., dedicada a las obras de edificación, recibe la visita de la Inspección de Trabajo tras una denuncia por parte de varios empleados. Durante la visita, los inspectores detectan que la empresa no ha evaluado los riesgos de caída en altura ni ha entregado equipos de protección adecuados a sus trabajadores.

Ante esta situación, ¿cuál es la función principal que desempeña la Inspección de Trabajo y Seguridad Social?

Continúa en página siguiente >>

<< Viene de página anterior

Solución

La Inspección de Trabajo y Seguridad Social tiene como función principal supervisar y exigir que las empresas cumplan la normativa laboral y de prevención de riesgos. En este caso actúa ante la falta de la evaluación de los riesgos de caída en altura y la ausencia de los equipos de protección, interviniendo para garantizar la seguridad de los trabajadores y corregir los incumplimientos detectados.

2.3. Organismos de carácter autonómico

La **Constitución Española, en su art. 149.1.7.º,** reserva al Estado la competencia exclusiva en materia de legislación laboral, sin perjuicio de su ejecución por los órganos de las comunidades autónomas.

Así, las autonomías que tienen transferida esta ejecución disponen de la potestad sancionadora, que se efectuará de acuerdo con su regulación propia, a propuesta de la Inspección de Trabajo y Seguridad Social.

Según lo previsto en los respectivos estatutos autonómicos, las funciones que venían desarrollando los Gabinetes Técnicos Provinciales del INSST quedan traspasadas a las comunidades autónomas. Dichos órganos reciben denominaciones distintas según la comunidad en la que se encuentren y desarrollan funciones como la investigación de accidentes, la formación y el asesoramiento técnico.

3. Organización del trabajo preventivo. Rutinas básicas

Según la **Ley 31/1995, de 8 de noviembre, de Prevención de Riesgos Laborales,** el empresario es la persona que debe llevar a cabo las actuaciones referidas a la seguridad y la salud en su centro de trabajo. Desarrollará una acción permanente de seguimiento de la actividad preventiva, con el fin de perfeccionar de manera continua las actividades de identificación, evaluación y control de los riesgos.

Entre otras cosas, el **artículo 15** de la citada Ley 31/1995 afirma que el empresario es quien aplicará las medidas que integran el deber general de prevención, con arreglo a:

- Evaluación de los riesgos.
- Equipos de trabajo y medios de protección individual.
- Información, consulta y participación de los trabajadores.
- Formación de los trabajadores.
- Medidas de emergencia.
- Vigilancia de la salud.
- Documentación.
- Coordinación de actividades empresariales.
- Protección de trabajadores especialmente sensibles a determinados riesgos.

3.1. Obligaciones específicas del empresario

A continuación, se explican las obligaciones específicas que tiene el empresario:

- **Evaluación de los riesgos.** El empresario realizará una evaluación de los posibles riesgos:

  - Con carácter general, con motivo de la declaración de apertura o por iniciación de un programa de acción en materia de seguridad y salud.
  - Por elección de equipos de trabajo, sustancias, acondicionamiento de lugares de trabajo, modificación de condiciones de trabajo, etc.
  - A causa de accidentes o daños para la salud.
  - Puede realizar controles periódicos de las condiciones de trabajo para detectar situaciones peligrosas.
  - Por riesgos actualizables, puede adoptar las medidas correctoras necesarias para lograr un mayor nivel de protección.

- **Equipos de trabajo.** Respecto a los equipos de trabajo, destacamos:

  - Las máquinas, los aparatos, etc., solo pueden ser utilizados por aquellos trabajadores encargados para ello por la dirección.
  - La reparación, el mantenimiento y la conservación se efectuará por trabajadores especialmente capacitados.
  - Informar a los trabajadores sobre los riesgos inherentes al funcionamiento de los equipos, sobre dispositivos de seguridad y sobre posibles explosiones e incendios.

- **Medios de protección individual.** En cuanto a los medios de protección individual, cabe decir que:

  - Deben ser adecuados a los riesgos, sin suponer un riesgo adicional.
  - Deben responder a las condiciones del lugar de trabajo y adaptarse al portador.
  - Deben proporcionarse gratuitamente.
  - Su uso será exigible.
  - Se informará a los operarios sobre los riesgos que se pretenden proteger.

- **Información, consulta y participación de los trabajadores.** El empresario debe informar a los trabajadores o a sus representantes sobre:

  - Riesgos detectados en la empresa.
  - Medidas de protección o prevención que se hayan adoptado.
  - Medidas de emergencia adoptadas en materia de primeros auxilios, lucha contra incendios y evacuación de los trabajadores.

  Además, el empresario tiene que consultar a los trabajadores sobre la actuación preventiva y permitir su participación y la realización de propuestas sobre seguridad y salud en el trabajo.
- **Formación de los trabajadores.** El empresario tiene que asegurar la formación de los trabajadores.
  La formación de los trabajadores tiene que:

  - Ser suficiente y adecuada, tanto teórica como práctica.
  - Realizarse en el momento de la contratación del trabajador, cualquiera que sea su modalidad contractual.
  - Tener en cuenta el posible cambio de funciones del trabajador, la introducción de nuevas tecnologías y los cambios de equipos de trabajo.
  - Estar dirigida al puesto de trabajo o función de cada trabajador.
  - Proporcionarse en la jornada de trabajo.
  - Realizarse mediante medios propios o medios ajenos concertados.
  - Ser gratuita; que su coste no recaiga, en ningún caso, en los trabajadores.

- **Medidas de emergencia.** En materia de medidas de emergencia, el empresario debe:

  - Analizar las posibles situaciones de emergencia.
  - Adoptar las medidas necesarias en primeros auxilios, lucha contra incendios y evacuación de trabajadores, estableciendo las relaciones necesarias con servicios externos.

- Designar los trabajadores que deben poner en práctica tales medidas.
- Facilitar el material adecuado.
- Formar a los trabajadores designados en número suficiente.
- Informar lo antes posible a los trabajadores que estén expuestos a un riesgo grave, resaltar su naturaleza y activar las medidas adoptadas o que deben adoptarse.
- Poner en práctica las medidas necesarias para que dichos trabajadores puedan interrumpir el trabajo y ponerse a salvo, abandonando inmediatamente sus puestos de trabajo.

➲ **Vigilancia de la salud.** Respecto a la vigilancia de la salud, el empresario debe:

- Garantizar a sus trabajadores la vigilancia periódica de su salud, en función de los riesgos inherentes al trabajo.
- Informar a los trabajadores de que para evaluar su salud es necesario su consentimiento, salvo determinadas excepciones.
- Asegurar que los resultados de los reconocimientos médicos sean confidenciales y que causarán las menores molestias posibles.

➲ **Documentación.** El empresario debe elaborar y conservar a disposición de la autoridad laboral la documentación respecto a:

- Evaluación de riesgos y planificación de la acción preventiva.
- Medidas de protección y prevención adoptadas.
- Material de protección que deba utilizarse.
- Resultado de los controles e inspecciones periódicas.
- Resultado de los reconocimientos médicos y los controles de salud.
- Relación de accidentes de trabajo y enfermedades profesionales que hayan causado una incapacidad superior a un día de trabajo.

➲ **Protección de trabajadores especialmente sensibles a determinados riesgos.** El empresario velará por la protección de la maternidad si los resultados de la evaluación revelan riesgos para la seguridad y la salud o una posible repercusión sobre el embarazo o la lactancia, por la protección de menores y por la protección de trabajadores con discapacidades físicas, psíquicas o sensoriales.

➲ **Protección de la maternidad.** Protección de la maternidad si los resultados de la evaluación revelan riesgos para la seguridad y la salud o una posible repercusión sobre el embarazo o la lactancia. El empresario tiene el deber de:

- Adaptar y modificar las condiciones y el tiempo de trabajo.
- Suprimir el trabajo nocturno y a turnos.

◔ Realizar cambios en los puestos de trabajo cuando no sea posible la adaptación de las condiciones o el tiempo de trabajo.

➲ **Protección de menores.** Sobre la protección de menores, el empresario debe:

◔ Prohibir a los menores de 18 años realizar trabajos nocturnos y horas extraordinarias.
◔ Prohibir a los menores de 18 años realizar trabajos insalubres, tóxicos, penosos y peligrosos.
◔ Los menores tienen derecho a un descanso semanal como mínimo de 2 días ininterrumpidos.
◔ El empresario tiene el deber de evaluar sus puestos de trabajo e informar a los jóvenes o a sus padres/tutores de los posibles riesgos y las medidas adoptadas.

➲ **Protección de trabajadores con discapacidades físicas, psíquicas o sensoriales.** No serán empleados en aquellos puestos de trabajo en los que, a causa de sus características, puedan poner en peligro su seguridad o la de terceros.

La formación de los trabajadores está dirigida a fomentar y mejorar su empleabilidad.

 IMPORTANTE

Si el empresario no cumple con sus obligaciones frente al riesgo grave e inminente, cabe la posibilidad de paralizar la actividad por los representantes legales de los trabajadores o por decisión mayoritaria de los delegados de prevención, en caso de urgencia.

ACTIVIDAD COMPLEMENTARIA

12. Cita las obligaciones específicas del empresario en materia preventiva atendiendo al caso y a las respuestas planteadas.

La empresa Servicios Globales S. L., con 60 trabajadores, presenta las siguientes deficiencias:

· No imparte formación preventiva a sus empleados.
· No ha establecido un plan de medidas de emergencia.
· Carece de un programa de vigilancia de la salud.
· No entrega equipos de protección individual (EPI) adecuados en algunos puestos.

Preguntas:

1. ¿Qué obligaciones específicas está incumpliendo el empresario según la Ley 31/1995?
2. ¿Qué consecuencias podría tener este incumplimiento (para la empresa y para los trabajadores)?
3. Propón al menos tres medidas inmediatas que debería implementar la empresa para corregir la situación.

---

4. El sistema de prevención de riesgos laborales. Evaluación, planificación y documentación (recogida, elaboración y archivo)

Un **sistema de gestión de la prevención** de riesgos laborales es la parte del sistema general de gestión de la empresa que define la política de prevención y que incluye la estructura organizativa, las responsabilidades, los procedimientos, los procesos y los recursos para llevar a cabo dicha política. La integración de la gestión en la prevención tiene como fin:

Evitar o minimizar los riesgos para los trabajadores.

Mejorar el funcionamiento de las organizaciones.

Ayudar a las organizaciones a la mejora continua de su sistema de gestión.

4.1. El sistema de prevención y el plan de prevención

La dirección de la empresa debe definir y documentar su política de prevención de riesgos laborales de forma que incluya el **compromiso de alcanzar un alto nivel de seguridad y salud en el trabajo,** cumpliendo como mínimo la legislación vigente en esta materia y basándose en el principio de la mejora continua de la acción preventiva. Asimismo, debe garantizar la participación y la información de todos los trabajadores, su formación y actualización periódica, de acuerdo con el progreso técnico.

Responsabilidades

La dirección de la empresa debe definir las responsabilidades del personal que gestiona la prevención, a fin de:

Procurar
- Los medios materiales y humanos necesarios para la implantación del sistema.

Establecer
- Las medidas de orden interno para garantizar el funcionamiento del sistema.

Designar
- A los miembros del equipo directivo con autoridad suficiente para asegurar que se cumplan los objetivos del sistema de prevención.

Establecer y mantener
- Actualizados los procedimientos para la obtención de una comunicación eficaz para el cumplimiento y el desarrollo de la política de prevención de riesgos laborales.

4.2. Evaluación de los riesgos

La **evaluación de los riesgos laborales** es el proceso dirigido a estimar la magnitud de los riesgos que no se hayan podido evitar, obteniendo la información necesaria para que el empresario esté en condiciones de tomar una decisión apropiada sobre la necesidad de adoptar medidas preventivas y, en tal caso, sobre el tipo de medidas que deben adoptarse.

La evaluación debe servir para identificar los elementos peligrosos, los trabajadores expuestos y la magnitud de los riesgos, debiendo documentar todo el proceso de evaluación.

Hay que evaluar los riesgos presentes en cada puesto de trabajo, teniendo en cuenta:

- Las características de los locales.
- Las instalaciones.
- Los equipos de trabajo existentes.
- Los agentes químicos, físicos y biológicos presentes o empleados en el trabajo.
- La propia organización y ordenación del trabajo en la medida en que influyan en la magnitud de los riesgos.
- Que se considere la posibilidad de que el trabajador que ocupe ese puesto de trabajo sea especialmente sensible a ciertas condiciones, sea por sus características personales, su estado biológico, etc.

La evaluación de los riesgos que no hayan podido evitarse deberá extenderse a cada uno de los puestos de trabajo de la empresa donde concurran dichos riesgos. Estos puestos deben **analizarse o revisarse:**

- Al inicio de la actividad.
- Cuando se empleen nuevos equipos, tecnologías, preparados o sustancias, o cuando se modifique el acondicionamiento de los lugares de trabajo.
- En el momento que cambien las condiciones de trabajo.
- Siempre que se incorpore un trabajador especialmente sensible.
- Cuando se hayan detectado daños a la salud de los trabajadores.
- En el momento que se detecte que las actividades de prevención son inadecuadas o insuficientes.
- Cuando se conozcan nuevas informaciones técnicas o epidemiológicas que afecten a la valoración de la magnitud de los riesgos o sus consecuencias.
- Siempre que lo establezca una disposición específica.

Dependiendo de la complejidad y de la organización de los recursos preventivos de la empresa, la evaluación puede realizarla, siempre que esté capacitado:

> El propio empresario.

> El/los trabajador/es designado/s por el empresario.

> El servicio de prevención propio, incluido si es mancomunado.

> El servicio de prevención ajeno.

Los **requisitos** que tienen que cumplir, en cuanto a **capacitación y formación,** quienes realicen evaluaciones de riesgos no son siempre los mismos, ya que, según la complejidad de dichas evaluaciones, se considerarán estas como funciones de nivel básico, intermedio o superior. Los requisitos que tienen que cumplir quienes lleven a cabo dichas funciones quedan establecidos en el Real Decreto 39/1997, en parte sustituido por el Real Decreto 604/2006, por el que se aprueba el Reglamento de los Servicios de Prevención.

4.3. Planificación de la prevención y la ejecución de la actividad preventiva

Cuando el resultado de la evaluación pusiera de manifiesto situaciones de riesgo, el empresario debe planificar y ejecutar la actividad preventiva con el objetivo de eliminar, controlar o reducir dichos riesgos, conforme a un orden de prioridades en función de la magnitud y el número de trabajadores expuestos a ellos. Las acciones que debe realizar el empresario, atendiendo a la fase en la que se encuentre el desarrollo de la actividad preventiva, son:

➲ **Planificación.** La planificación de la actividad preventiva incluirá, en todo caso:

    ◐ Los medios humanos y materiales necesarios.
    ◐ La asignación de los recursos económicos precisos para la consecución de los objetivos propuestos.

- El período de ejecución de las medidas previstas. En el caso de que el período en que se desarrolle la actividad preventiva sea superior a un año, deberá establecerse un programa anual de actividades.
- Las prioridades para llevar a cabo las actividades preventivas en función de la magnitud de los riesgos y del número de trabajadores expuestos a estos.
- Los procedimientos previstos para el seguimiento y el control periódicos de las actividades preventivas planificadas.

⊃ **Ejecución.** Por su parte, la ejecución de las actividades preventivas conllevará la realización de acciones como las siguientes:

- Establecer procedimientos para que en todas las actividades y las decisiones de la empresa, tanto las de carácter técnico (incluida la elección de equipos) como organizativo, se consideren y controlen las repercusiones sobre la salud y la seguridad de los trabajadores.
- Instruir a todas las personas con responsabilidad jerárquica en la empresa sobre la obligación de incorporar la prevención de riesgos a toda actividad que realicen u ordenen.
- Determinar qué medidas de seguimiento y control preventivo hay que efectuar.
- Prever las medidas de vigilancia de la salud de los trabajadores.
- Planificar las acciones que tomar ante posibles situaciones de emergencia.
- Diseñar la formación y establecer los procedimientos de información para los trabajadores y sus representantes.
- Establecer cauces de cooperación y coordinación con los demás empresarios que trabajen en el mismo lugar, a fin de asegurar el cumplimiento de la legislación; de la misma manera, con las empresas de trabajo temporal cuando utilicen sus servicios de puesta a disposición de trabajadores.
- Informar, facilitar y vigilar el cumplimiento de las obligaciones por parte de otros empresarios que contrate o subcontrate para realizar actividades en su centro de trabajo.
- Asegurarse de que la maquinaria, los equipos, los productos, las materias primas y los útiles que se faciliten a otros empresarios no constituyan una fuente de peligro para los trabajadores que los utilicen.
- Establecer procedimientos para elaborar y conservar la documentación resultante de las actividades y las medidas preventivas.
- Asegurar y adaptar las medidas preventivas a circunstancias especiales, como mujeres embarazadas o con parto reciente, jóvenes menores de 18 años, trabajadores temporales, trabajadores especialmente sensibles a determinados riesgos, etc.

❍ Consultar a los trabajadores y a sus representantes antes de poner en práctica cualquier medida que pueda afectar al nivel de protección de la salud y la seguridad. En particular, las relativas a:

⇕ La planificación y la organización del trabajo.
⇕ La introducción de nuevas tecnologías.
⇕ La organización de las actividades preventivas.
⇕ La designación de los trabajadores encargados de las medidas de emergencia.
⇕ Los procedimientos para suministrar información y permitir el acceso a la documentación.
⇕ La organización de la formación.
⇕ Determinar los puestos de trabajo sin riesgo para ser ocupados por trabajadoras embarazadas.
⇕ Determinar las excepciones al carácter voluntario de los reconocimientos médicos.

❍ Establecer canales para recibir las propuestas y las sugerencias de los trabajadores y sus representantes.
❍ Facilitar a los representantes de los trabajadores los medios y el tiempo establecido para el ejercicio de sus funciones.
❍ Cualquier otra acción que pueda tener efectos sustanciales sobre la seguridad y la salud de los trabajadores.

En general, serán objeto de planificación las medidas de prevención y protección que adoptar, y, en particular, las **medidas de emergencia y la vigilancia de la salud,** así como **la información y la formación de los trabajadores** en materia preventiva.

El empresario realizará un seguimiento permanente de la actividad preventiva, con el fin de perfeccionar de manera continua las actividades de identificación, evaluación y control de riesgos.

4.4. Documentación

Al igual que otros sistemas de gestión, el sistema de prevención de riesgos laborales debe estar correctamente documentado.

En el **artículo 23 de la Ley de Prevención de Riesgos Laborales,** modificado por la Ley 54/2003, se establece la documentación mínima que toda empresa debe elaborar y conservar a disposición de la autoridad laboral.

Esta documentación debe aparecer en el plan de prevención de riesgos laborales, incluyendo la descripción del sistema que implantar y las actividades para lograrlo: estructura organizativa, responsabilidades, funciones, prácticas, procedimientos, procesos y recursos necesarios para realizar la acción preventiva.

Según el mencionado **art. 23 de la LPRL,** la **documentación** genérica **exigible** legalmente es la siguiente:

Plan de Prevención de Riesgos Laborales.

Evaluación de los riesgos para la seguridad y la salud en el trabajo, incluido el resultado de los controles periódicos de las condiciones de trabajo y de la actividad de los trabajadores.

Planificación de la actividad preventiva, incluidas las medidas de protección y de prevención a adoptar y, en su caso, material de protección que deba utilizarse.

Práctica de los controles del estado de salud de los trabajadores y conclusiones obtenidas de los mismos.

Relación de accidentes de trabajo y enfermedades profesionales que hayan causado al trabajador una incapacidad laboral superior a un día de trabajo.

La estructura del sistema documental debe basarse en los siguientes niveles:

⊃ **Manual de prevención.** Donde se describe la política, el sistema de gestión de la prevención de riesgos laborales, la organización preventiva y una síntesis de las principales actividades.
En él se establece la política de prevención y se describe el tipo de sistema de gestión de prevención elegido en la empresa. Este manual, además de elaborarse y mantenerse actualizado en soporte papel o informático, contendrá:

υ La descripción de la empresa.
υ Su política de prevención.

- Las funciones y las responsabilidades de todos los trabajadores dedicados a la prevención, incluida la Dirección.
- Descripción de las interrelaciones de los elementos del sistema.
- Los demás aspectos que se crean necesarios.

→ **Procedimientos del sistema de gestión.** Donde se describen las distintas actividades del sistema de gestión, indicando su objetivo y su alcance, qué hay que hacer, quién es el responsable de hacerlo y qué registros hay que cumplimentar para evidenciar lo realizado.

Se trata de las técnicas y los instrumentos utilizados para organizar y diseñar mecanismos dirigidos al cumplimiento estructurado y sistemático de todos los requisitos establecidos en el plan de prevención. Mediante un conjunto de elementos interrelacionados o interactivos se establecen unas directrices y objetivos en prevención de riesgos laborales.

Más concretamente, mediante los procedimientos del sistema de gestión se trata de especificar qué hay que hacer, quién es el responsable de hacerlo y qué registros hay que cumplimentar para evidenciar los resultados obtenidos en materia de prevención de riesgos.

→ **Registros.** Donde se recogen los resultados de las actividades preventivas.

Son documentos que proporcionan información cuya veracidad puede demostrarse, ya que está basada en la observación, la medición, el ensayo u otros medios de donde procedan los resultados obtenidos en materia de prevención de riesgos laborales.

Estos documentos deberán contener datos para:

- Demostrar la conformidad con los requisitos del sistema de prevención.
- Registrar hasta qué punto se han cumplido los objetivos.
- Elaborar y conservar a disposición de la autoridad laboral la documentación.
- Conocer los resultados de auditorías y revisiones.

Todos los registros deben ser legibles e identificables con cada actividad desarrollada. Los registros de prevención deben almacenarse y mantenerse actualizados para poderlos recuperar cuando se necesite. Además, deben protegerse contra posibles daños, deterioros o pérdidas, estableciendo y registrando su período de retención para que puedan ser evaluados.

La empresa debe establecer y mantener al día procedimientos para controlar todos los documentos citados anteriormente, a fin de asegurar que:

- Han sido examinados y aprobados por los responsables antes de su primera edición.
- Pueden identificarse adecuadamente dentro de la organización.

◑ Son examinados y revisados periódicamente.
◑ Estén disponibles cuando se necesiten.

SABÍAS QUE...

Los registros son documentos transitorios, mientras que el manual y los procedimientos son documentos intemporales, ya que el contenido y los objetivos son generales, siendo vigentes desde su última actualización.

El procedimiento de elaboración de la documentación ha de contemplar las siguientes etapas:

Elaboración
- Se elegirá al responsable de la elaboración, siempre en función del tipo de documento, contenido y área de la empresa a la que afecte. Los documentos se nombrarán mediante código en los que figurará el autor y la fecha de realización.

Codificación
- Los documentos se codificarán para poder ser identificados. Es muy útil la utilización de hojas impresas o fotocopiadas unidas por anillas, pudiendo reemplazar fácilmente las hojas obsoletas tras una revisión.

Revisión
- Una vez elaborado el documento debe ser revisado indicando en el documento la fecha, el número y el responsable de la revisión. Es recomendable que los representantes de los trabajadores revisen los procedimientos antes que su aprobación.

Aprobación
- El documento será aprobado por un responsable autorizado, preferentemente la Dirección de la empresa.

Continúa en página siguiente >>

<< Viene de página anterior

Distribución
- La documentación estará disponible en aquellos lugares donde sea necesaria su utilización.

Revisión y actualización
- Cada vez que se produzcan cambios o modificaciones del sistema, hay que tener en cuenta la necesidad o no de actualizar la documentación.

5. Gestión de la prevención de riesgos laborales

En función de las características de la empresa y las actividades que desarrolla, el empresario puede optar por alguna de las siguientes **modalidades de organización** de los recursos necesarios para el desarrollo de las actividades preventivas:

Asunción personal por el empresario de la actividad preventiva.

Designación de trabajadores para la actividad preventiva.

Creación de servicios de prevención propios.

Participación en un servicio de prevención mancomunado.

Contratación de un servicio de prevención ajeno.

Presencia en el centro de trabajo de los recursos preventivos.

5.1. Asunción personal por el empresario de la actividad preventiva

El empresario podrá desarrollar **personalmente** la actividad de prevención, con excepción de las actividades relativas a la vigilancia de la salud de los trabajadores, si se cumplen las siguientes condiciones:

- Cuando se trate de empresas de hasta diez trabajadores o que, tratándose de empresas de hasta veinticinco trabajadores, cuenten con un único centro de trabajo.
- Siempre que las actividades desarrolladas en la empresa no estén consideradas de riesgo especial (anexo I del Reglamento de los Servicios de Prevención).
- Cuando de forma habitual se desarrolle su actividad profesional en el centro de trabajo.
- Siempre que tenga la capacidad suficiente para llevar a cabo las funciones preventivas que va a desarrollar, de acuerdo con la regulación establecida.

 IMPORTANTE

Aquellas actividades preventivas no asumidas personalmente por el empresario tienen que llevarse a cabo por alguna de las restantes modalidades de organización preventiva.

5.2. Designación de trabajadores para la actividad preventiva

El empresario **designará a uno o varios trabajadores** para ocuparse de la actividad preventiva en la empresa. Las actividades preventivas para cuya realización no resulte suficiente la designación de uno o varios trabajadores, deberán ser desarrolladas a través de uno o más servicios de prevención propios o ajenos.

No será obligatoria la designación de trabajadores cuando el empresario:

- Haya asumido personalmente la actividad preventiva.
- Haya constituido un servicio de prevención propio.
- Haya recurrido a un servicio de prevención ajeno.

Las **características** son las siguientes:

➲ El número de trabajadores designados, así como los medios que el empresario ponga a su disposición y el tiempo de que dispongan para el desempeño de su actividad, deberán ser los necesarios para desarrollar adecuadamente sus funciones.

➲ Para el desarrollo de la actividad preventiva, los trabajadores designados deben tener suficiente capacidad para desempeñar las funciones previstas.

5.3. Servicio de prevención propio

El empresario deberá constituir un **servicio de prevención propio** cuando concurra alguno de los siguientes supuestos:

> Que se trate de empresas que cuenten con más de 500 trabajadores.

> Que, tratándose de empresas de entre 250 y 500 trabajadores, desarrollen alguna de las actividades consideradas de riesgo especial (anexo I del Reglamento de los Servicios de Prevención).

> Que, tratándose de empresas no incluidas en los apartados anteriores, así lo decida la autoridad laboral, previo informe de la Inspección de Trabajo y Seguridad Social y, en su caso, de los órganos técnicos en materia preventiva de las comunidades autónomas, salvo que se opte por el concierto de una entidad especializada ajena a la empresa.

5.4. Servicios de prevención mancomunados

Se podrán constituir estos servicios de prevención:

➲ Entre empresas que desarrollen simultáneamente actividades en un mismo centro de trabajo, edificio o centro comercial, siempre que quede garantizada la operatividad y eficacia del servicio.

⊃ Entre empresas pertenecientes a un mismo sector productivo o grupo empresarial, o que desarrollen sus actividades en un polígono industrial o un área geográfica limitada, cuando así se establezca en la negociación colectiva o mediante acuerdos entre las organizaciones de trabajadores y empresarios sobre esta materia (acuerdos interprofesionales) o, en su defecto, por decisión de las empresas afectadas.

Entre las **características** podemos distinguir las siguientes:

⊃ Las empresas afectadas antes del acuerdo de constitución tienen que consultar a los representantes de los trabajadores.
⊃ Su actividad preventiva se limitará a las empresas participantes.
⊃ Estos servicios, posean o no personalidad jurídica diferenciada, tendrán la consideración de servicios propios de las empresas que los constituyan y han de contar con los medios exigidos para aquellos.
⊃ El servicio de prevención mancomunado debe tener, a disposición de la autoridad laboral, la información relativa a las empresas que lo constituyen y el grado de participación de estas.

5.5. Servicios de prevención ajenos

El empresario deberá recurrir a uno o varios **servicios de prevención ajenos** cuando concurra alguna de las siguientes circunstancias:

1. Que la designación de uno o varios trabajadores sea insuficiente para la realización de la actividad de prevención y no concurran circunstancias que determinen la obligación de constituir un servicio de prevención propio.
2. Que se trate de empresas que, no estando obligadas a contar con un servicio de prevención propio, dada la peligrosidad de la actividad desarrollada o la gravedad de la siniestralidad en la empresa, la autoridad laboral decida el establecimiento de un servicio de prevención, pudiendo, en tal caso, optar la empresa por el concierto con una empresa especializada.
3. Para la realización de aquellas actividades preventivas que no sean asumidas a través del servicio de prevención propio y, en particular, para garantizar, en el caso de que el propio empresario asuma la actividad preventiva, la realización de la vigilancia de la salud.

Las entidades que quieran actuar como servicios de prevención ajenos deberán, entre otros requisitos:

- Obtener la aprobación de la Administración sanitaria en cuanto a los aspectos relacionados con la salud.
- Obtener de la Administración laboral la correspondiente acreditación.
- Disponer de la organización, las instalaciones, el personal y los equipos necesarios para el desempeño de su actividad. Estas entidades deberán disponer como mínimo de:

  - Personal que cuente con la cualificación necesaria para el desempeño de las funciones de nivel superior.
  - Personal necesario que tenga la capacitación requerida para el desarrollo de las funciones de los niveles básico e intermedio, en función de las características de las empresas cubiertas por el servicio.
  - Instalaciones e instrumentación necesarias para la realización de pruebas, reconocimientos, mediciones, análisis y evaluaciones habituales en la práctica de las especialidades, de acuerdo con las características de las empresas, así como para el desarrollo de las actividades formativas y divulgativas básicas.
  - No mantener con las empresas concertadas vinculaciones comerciales, financieras o de cualquier otro tipo distintas a las propias de su actuación como servicio de prevención que puedan afectar a su independencia e influir en el resultado de sus actividades.
  - Constituir una garantía que cubra su eventual responsabilidad.

6. Representación de los trabajadores

En el marco de la **Ley 31/1995, de Prevención de Riesgos Laborales**, la **representación de los trabajadores** desempeña un papel clave para garantizar que se cumplan las obligaciones en materia de seguridad y salud laboral. A continuación, se resumen los puntos más relevantes relacionados con esta figura.

6.1. Representación de los trabajadores en materia preventiva

La ley reconoce el derecho de los trabajadores a participar en las cuestiones relacionadas con la prevención de riesgos laborales a través de sus representantes legales. Esta participación se puede dar de dos formas:

- Delegados de prevención.
- Comité de seguridad y salud.

Delegados de prevención

Son los **representantes de los trabajadores** con funciones específicas en materia de prevención de riesgos laborales, designados por y entre los representantes del personal.

Dependiendo del tamaño de la plantilla de la empresa, varía el número de estos:

- De 6 a 49 trabajadores: 1 delegado de prevención.
- De 50 a 100: 2 delegados.
- De 101 a 500: 3 delegados.
- Y así sucesivamente.

Sus funciones principales son:

- Colaborar con la dirección en la mejora de la acción preventiva.
- Promover y fomentar la cooperación del personal en la implementación de medidas preventivas.
- Ser consultados previamente por el empresario en decisiones que afecten a la seguridad y la salud.
- Tener acceso a la información y la documentación en materia de riesgos.
- Realizar visitas a los lugares de trabajo y entrevistas con los trabajadores.
- Acompañar a los técnicos en evaluaciones y visitas de inspección.
- Proponer acciones preventivas y medidas correctoras.

 IMPORTANTE

Disponen de las mismas garantías que los representantes legales de los trabajadores: protección frente a represalias, prioridad de permanencia, crédito horario retribuido, etc.

Comité de seguridad y salud (CSS)

El comité de seguridad y salud es obligatorio en empresas o centros de trabajo con 50 o más personas trabajadoras.

IMPORTANTE

El comité de seguridad y salud está formado por igual número de representantes del empresario y delegados de prevención.

Es un órgano paritario y colegiado de participación, cuyas funciones son:

Participar
- En la elaboración, la puesta en práctica y la evaluación de los planes de prevención.

Promover
- Iniciativas para mejorar los niveles de protección de la seguridad y la salud en la empresa.

Conocer
- Los resultados de la evaluación de riesgos, la planificación preventiva, la formación, la vigilancia de la salud, etc.

NOTA

El empresario está obligado a consultar a los trabajadores, a través de sus representantes, sobre:

- La planificación y la organización de la prevención.
- La designación de trabajadores encargados de actividades preventivas.
- La elección de los servicios de prevención.
- La introducción de nuevas tecnologías con implicaciones en la salud laboral.

La participación de los trabajadores, a través de los delegados de prevención y del comité de seguridad y salud, **garantiza una vigilancia activa y permanente del cumplimiento de la normativa preventiva,** fomenta la mejora continua y asegura un entorno de trabajo más seguro y saludable.

7. Coordinación de actividades empresariales

En un mismo centro de trabajo, las distintas empresas tienen la obligación de cooperar para coordinar la acción preventiva; esta podrá ser desarrollada por los siguientes perfiles:

El empresario titular

El empresario titular del centro de trabajo tiene la obligación de informar e instruir a los otros empresarios sobre los riesgos detectados y sobre las medidas de protección y prevención correspondientes.

La empresa principal

La empresa principal tiene la obligación de vigilar que los contratistas y los subcontratistas cumplan la normativa sobre prevención de riesgos laborales, siempre que la contrata o subcontrata se refiera a la realización de obras o servicios que correspondan a la propia actividad principal y que se desarrollen en los propios centros de trabajo.

Los trabajadores autónomos

Los trabajadores autónomos que desarrollen actividades en dichos centros de trabajo también tienen el deber de cooperación, información e instrucción.

8. Descripción del recurso preventivo

La reforma del marco normativo de la prevención de riesgos laborales que tuvo lugar por la **Ley 54/2003, 12 de diciembre (art. 32 bis),** supuso la incorporación al ámbito de la prevención laboral de los denominados recursos preventivos, constituidos por personal de la empresa con obligaciones concretas en materia de vigilancia del cumplimiento y de la eficacia de las medidas incluidas en el plan de seguridad y salud laboral en el trabajo, como controladores del riesgo laboral.

La presencia en el centro de trabajo de recursos preventivos del empresario **para vigilar el cumplimiento de las actividades preventivas,** cualquiera que sea la modalidad de organización de dichos recursos, será necesaria:

Cuando los riesgos puedan verse agravados o modificados durante el desarrollo de los procesos o actividades, por la concurrencia de operaciones diversas que se desarrollan sucesiva o simultáneamente, y que hagan preciso un control específico de la correcta aplicación de los métodos de trabajo.

Cuando se realicen actividades o procesos que reglamentariamente sean considerados como peligrosos o con riesgos especiales.

Cuando la necesidad de dicha presencia sea requerida por la Inspección de Trabajo y Seguridad Social, si las circunstancias del caso así lo exigieran debido a las condiciones de trabajo detectadas.

La **presencia de recursos preventivos** en el centro de trabajo se considera también como uno de los medios de coordinación empresarial establecidos por la normativa en prevención de riesgos laborales. En este supuesto serán recursos preventivos pertenecientes a las empresas concurrentes y serán, en este caso, considerados encargados de la coordinación de la actividad preventiva y se deberá facilitar a los trabajadores los datos necesarios para permitirles su identificación.

◯ EJEMPLO

A título indicativo, se enumeran una serie de trabajos, operaciones y procesos en los que podrá requerirse presencia de recursos preventivos en el centro de trabajo durante su ejecución, como, por ejemplo:

Continúa en página siguiente >>

<< Viene de página anterior

- Trabajos con ascensores y montacargas.
- Aparatos de elevación distintos de los ascensores y montacargas.
- Espacios confinados, construcción y mantenimiento de edificios en lo referente a trabajos con riesgo de caída de altura, montaje, desmontaje y transformación de andamios.
- Trabajos subterráneos en pozos o galerías, en interior de túneles, de demolición o de buceo e inmersión bajo el agua.
- Aparatos y maquinaria de obra como automotores.
- Equipos de elevación de cargas y carretillas automotoras.
- Circulación de ferrocarriles con trabajos simultáneos de mantenimiento o reparación de vías.
- Electricidad en lo referente a instalaciones en tensión alta y media.
- Trabajos en construcción naval, en instalaciones frigoríficas y trabajos en caliente.
- Exposición a radiaciones ionizantes.
- En medios hiperbáricos, en cajones con aire comprimido y en atmósferas explosivas.

También cuando haya productos peligrosos que se utilicen en el trabajo, como agentes químicos, biológicos, cancerígenos, mutagénicos o tóxicos para la reproducción, trabajos con amianto y actividades peligrosas por trabajos aislados en altura o en montaña.

----

9. Clasificación de los organismos públicos

En un punto anterior se abordaron los principales **organismos públicos implicados en la prevención de riesgos laborales,** detallando sus funciones más relevantes y su papel dentro del sistema nacional de seguridad y salud en el trabajo. A modo de complemento, este apartado presenta una **clasificación sistemática de dichos organismos** basada en criterios funcionales y territoriales, lo que permite comprender mejor su organización y su ámbito de actuación.

9.1. Clasificación según el ámbito territorial de actuación

Una de las formas más prácticas de categorizar los organismos relacionados con la seguridad y la salud en el trabajo es atendiendo a su nivel de actuación en la estructura administrativa del Estado. Esta clasificación distingue entre los siguientes tipos de organismos:

Organismos de ámbito nacional
- Estos organismos actúan en todo el territorio del Estado y tienen, por lo general, competencias normativas, técnicas o de control. Desempeñan un papel clave en la homogeneización de criterios preventivos y en el impulso de políticas estatales. Ejemplo de ello es el Instituto Nacional de Seguridad y Salud en el Trabajo (INSST), con funciones de asesoramiento técnico-científico, o la Inspección de Trabajo y Seguridad Social (ITSS), como órgano de control y vigilancia del cumplimiento normativo.

Organismos de ámbito autonómico
- Cada comunidad autónoma cuenta con sus propios órganos y servicios en materia de prevención, con competencias transferidas para adaptar y ejecutar las políticas preventivas dentro de su territorio. Estos organismos suelen desarrollar programas específicos de promoción de la cultura preventiva y coordinación con los servicios de salud laboral. Algunos ejemplos serían los institutos autonómicos de seguridad y salud en el trabajo, cuyas funciones pueden variar ligeramente según la comunidad.

Organismos de ámbito local
- Aunque su intervención directa en prevención es más limitada, algunas administraciones locales colaboran en campañas informativas, inspecciones conjuntas o programas municipales de salud laboral, especialmente en el marco de convenios con servicios públicos de empleo o atención primaria. Su papel es especialmente relevante en sectores como obras públicas, servicios urbanos o atención comunitaria.

9.2. Clasificación según la función institucional desempeñada

Otra forma de clasificar los organismos públicos relacionados con la seguridad y la salud en el trabajo es teniendo en cuenta la **naturaleza de las funciones que ejercen** dentro del sistema preventivo. Esta clasificación permite identificar su rol específico y su contribución al conjunto del sistema; atendiendo a esta, se pueden encontrar:

- **Organismos normativos y legislativos.** Intervienen en la elaboración, la aprobación y la supervisión del marco jurídico que regula la prevención de riesgos laborales. Su actividad es esencial para el desarrollo normativo coherente y actualizado. Entre ellos destaca el Ministerio de Trabajo y Economía Social, que lidera la política nacional en esta materia.
- **Organismos técnicos y científicos.** Desarrollan estudios, metodologías, estadísticas y criterios técnicos para facilitar la prevención en el ámbito laboral. Su objetivo es fundamentar la toma de decisiones con base científica y promover la mejora continua de las condiciones de trabajo. Además del INSST, esta categoría incluye a los centros de investigación autonómicos y otras entidades especializadas.
- **Organismos de inspección y control.** Están encargados de vigilar el cumplimiento de la normativa vigente y de garantizar que los empresarios adopten las medidas preventivas necesarias. Tienen capacidad para emitir requerimientos, levantar actas y proponer sanciones. La Inspección de Trabajo y Seguridad Social es el principal organismo en este ámbito.
- **Organismos gestores y aseguradores.** Su función principal es la gestión de las prestaciones económicas derivadas de contingencias profesionales (accidentes y enfermedades laborales), así como el desarrollo de actividades preventivas financiadas por cuotas de la Seguridad Social. En este grupo se sitúan las mutuas colaboradoras con la Seguridad Social, cuya actividad se regula conforme al marco legal establecido.

 RECUERDA

La correcta identificación y clasificación de los organismos públicos que intervienen en la prevención de riesgos laborales permite una mejor comprensión del funcionamiento del sistema institucional preventivo en España.

10. Representación de rutinas básicas

En cualquier entorno laboral, la prevención de riesgos no debe entenderse únicamente como la aplicación de las normas o el cumplimiento de los requisitos legales, sino como un conjunto de prácticas habituales que aseguran un espacio de trabajo seguro y saludable. Estas prácticas, cuando se realizan de forma repetida y constante, se convierten en hábitos que permiten anticiparse a los riesgos y reducir la probabilidad de sufrir accidentes o enfermedades profesionales.

Las rutinas básicas preventivas refuerzan la cultura de la seguridad en la organización, fomentan la responsabilidad compartida entre los empresarios y los trabajadores, y constituyen un soporte esencial para la mejora continua de los sistemas de gestión preventiva. Una correcta implementación favorece la eficiencia en los procesos, eleva la confianza del personal y disminuye el impacto económico que provoca la siniestralidad laboral.

En este contexto, resulta fundamental comprender qué son las rutinas básicas preventivas, ya que conociendo su importancia se pueden aplicar de manera coherente y efectiva en cualquier puesto de trabajo:

● **Definición de las rutinas básicas preventivas.** Las rutinas básicas preventivas son los procedimientos o conductas que se repiten de manera regular y que tienen como finalidad reducir la exposición a riesgos laborales, prevenir accidentes y enfermedades profesionales, y fomentar un entorno de trabajo seguro y saludable. Estas rutinas pueden incluir acciones como el uso sistemático de equipos de protección individual (EPI), la revisión diaria de maquinaria o herramientas, la notificación inmediata de situaciones peligrosas o la participación en simulacros de emergencia. La adopción de estas prácticas debe basarse en los resultados de la evaluación de riesgos y formar parte del plan de prevención de la empresa. Al ser interiorizadas por los trabajadores, estas rutinas se transforman en hábitos protectores que fortalecen la cultura preventiva de la organización.

● **Tipología de rutinas básicas en el entorno laboral.** Las rutinas preventivas pueden clasificarse en función del momento en que se aplican o del objetivo que persiguen. Así, encontramos rutinas asociadas al inicio de la jornada laboral, como la comprobación del estado de los equipos, la verificación de la limpieza del puesto de trabajo o la colocación correcta de los EPI. Durante el desarrollo de la jornada, otras rutinas fundamentales incluyen el cumplimiento de la señalización de seguridad, la supervisión de la carga de trabajo, el mantenimiento del orden y la correcta manipulación de materiales o sustancias peligrosas. Al finalizar la jornada, pueden establecerse rutinas de cierre como el apagado seguro de máquinas, la recogida de herramientas y la notificación de incidencias. Por último, las rutinas asociadas a situaciones de emergencia —como la evacuación, el uso de extintores o la activación de alarmas— deben ser conocidas por todos los trabajadores y ejercitadas periódicamente a través de simulacros.

- **La función de los delegados de prevención.** Los delegados de prevención, tal como se establece en el artículo 35 de la Ley 31/1995, son los representantes de los trabajadores con funciones específicas en materia de prevención de riesgos laborales. Su implicación en la representación y la mejora de las rutinas preventivas es esencial. Entre sus funciones destacan la colaboración con la dirección en la mejora continua de las condiciones de trabajo, la promoción de comportamientos seguros, la detección de deficiencias en las rutinas existentes y la propuesta de nuevas acciones preventivas. Asimismo, los delegados de prevención actúan como canal de comunicación entre los trabajadores y el empresario, y participan activamente en el comité de seguridad y salud, donde se debaten y valoran modificaciones o actualizaciones en los procedimientos rutinarios de prevención.

- **Representación práctica de las rutinas preventivas.** Representar de manera clara las rutinas básicas facilita su comprensión, su correcta ejecución y su seguimiento. Estas representaciones pueden adoptar distintos formatos. Las infografías, por ejemplo, permiten visualizar de forma esquemática los pasos de una rutina, los riesgos asociados y las medidas preventivas recomendadas. Los carteles colocados en puntos estratégicos del lugar de trabajo refuerzan la memorización de las acciones preventivas. Las fichas operativas, por otro lado, recopilan de manera sintética las rutinas vinculadas a un determinado puesto de trabajo, incluyendo la frecuencia con la que deben aplicarse y los responsables de su cumplimiento. Además, las representaciones o escenificaciones prácticas permiten simular situaciones reales y entrenar respuestas adecuadas, mejorando la capacidad de actuación del trabajador ante emergencias o riesgos imprevistos.

- **Importancia de estandarizar las rutinas preventivas.** La estandarización de las rutinas garantiza la uniformidad de los comportamientos preventivos entre todos los trabajadores de la organización. Cuando las acciones están sistematizadas y claramente definidas, se reduce la posibilidad de errores, se facilita la formación de nuevos empleados y se mejora la respuesta ante incidentes. Además, contar con rutinas claras permite su evaluación objetiva y su mejora continua, elementos esenciales para lograr la excelencia en la gestión preventiva. La estandarización también actúa como una barrera frente a la improvisación o el descuido, asegurando que cada trabajador sepa exactamente cómo actuar en cada momento, y qué conductas son exigibles para preservar su integridad y la de sus compañeros.

- **Evaluación, seguimiento y mejora continua.** Las rutinas preventivas deben ser objeto de revisión periódica para asegurar su eficacia y su adaptación a posibles cambios en las condiciones de trabajo, las tecnologías empleadas o nuevos riesgos detectados. Esta evaluación puede llevarse a cabo mediante auditorías internas, observaciones sistemáticas, entrevistas con trabajadores o análisis de indicadores de siniestralidad. Los delegados de prevención juegan un papel clave en este proceso, al actuar como observadores directos y como representantes del colectivo laboral. Las mejoras derivadas de esta evaluación pueden suponer la modificación de una rutina, la incorporación de nuevas medidas o la adaptación de los materiales formativos y visuales utilizados para su comunicación.

 EJEMPLO

Al comenzar la jornada, el trabajador debe acudir al puesto equipado con los EPI correspondientes. A continuación, debe verificar que los cables y los enchufes de las herramientas no presentan daños visibles, comprobar el correcto funcionamiento del interruptor y asegurarse de que no existan condiciones de humedad o riesgo eléctrico en el entorno. En caso de detectar cualquier anomalía, debe notificarlo al responsable directo o al delegado de prevención. Este último, a su vez, puede registrar la incidencia y plantearla en el comité de seguridad y salud, promoviendo así las acciones correctivas oportunas. Este tipo de rutina no solo previene accidentes eléctricos, sino que también promueve una cultura de inspección y responsabilidad compartida.

 RECUERDA

La representación y aplicación de rutinas básicas en prevención de riesgos laborales constituye una estrategia fundamental para consolidar una cultura preventiva sólida y efectiva.

 TAREA 3

La empresa Textiles Innovadores S. A., con 45 trabajadores, carece de un plan de prevención, no ha actualizado la evaluación de riesgos, no cuenta con delegados de Prevención y ofrece información insuficiente a los empleados. Tampoco dispone de un programa regular de vigilancia de la salud.

Continúa en página siguiente >>

<< Viene de página anterior

Responde brevemente a las siguientes cuestiones:

- ¿Qué obligaciones legales incumple la empresa?
- ¿Qué modalidad preventiva podría adoptar, según su tamaño y su actividad?
- ¿Cuántos delegados de prevención corresponden y cómo se garantiza la participación de los trabajadores?
- Propón dos medidas iniciales para la planificación preventiva.
- Señala la documentación mínima que debe elaborar la empresa.

- -

11. Resumen

La gestión de la prevención de los riesgos laborales es un pilar esencial para garantizar la seguridad y la salud en el trabajo. Su base se encuentra en la normativa nacional e internacional, que reconoce tanto los derechos como las obligaciones de los trabajadores y empresarios, así como la necesidad de su participación en las políticas preventivas.

En el ámbito internacional, la Organización Internacional del Trabajo (OIT) y la Unión Europea juegan un papel destacado a través de los convenios, las directivas y las recomendaciones que establecen criterios comunes en materia de seguridad laboral. En España, este marco se complementa con organismos nacionales como el Instituto Nacional de Seguridad y Salud en el Trabajo (INSST), la Inspección de Trabajo y Seguridad Social y las Administraciones sanitarias competentes, además de la Comisión Nacional de Seguridad y Salud en el Trabajo. También intervienen otros organismos autonómicos y locales, que adaptan las políticas preventivas a su territorio.

La Ley 31/1995 de Prevención de Riesgos Laborales establece que el empresario es responsable de la acción preventiva en su centro de trabajo. Sus principales obligaciones incluyen:

- Realizar la evaluación de riesgos y planificar la prevención.
- Garantizar el uso adecuado de equipos de trabajo y medios de protección individual.
- Proporcionar información, consulta y participación a los trabajadores.
- Asegurar la formación preventiva.
- Establecer medidas de emergencia y protocolos de actuación.

- Velar por la vigilancia de la salud y mantener la documentación preventiva actualizada.
- Proteger a colectivos sensibles, como trabajadoras embarazadas, menores y personas con discapacidad.

La organización preventiva en la empresa puede realizarse mediante diferentes modalidades: asunción personal por parte del empresario (en pymes de bajo riesgo), designación de trabajadores, constitución de un servicio de prevención propio o mancomunado, o bien la contratación de un servicio de prevención ajeno. En todos los casos, la ley prevé la presencia de recursos preventivos en determinadas actividades de especial riesgo o cuando así lo requiera la autoridad laboral.

La representación de los trabajadores se articula a través de los delegados de prevención y los comités de seguridad y salud, que garantizan la participación en la planificación, la ejecución y el control de las medidas preventivas. Su papel resulta esencial para fomentar la cooperación y la mejora continua de las condiciones laborales.

El sistema de gestión de la prevención incluye el plan de prevención de riesgos laborales, la evaluación de riesgos, la planificación de la actividad preventiva y la documentación obligatoria (manual de prevención, procedimientos y registros). La correcta elaboración, distribución, revisión y actualización de esta documentación asegura la trazabilidad y la eficacia de las actuaciones preventivas.

Las **rutinas básicas preventivas** son las prácticas repetidas que refuerzan la cultura preventiva: uso sistemático de EPI, revisiones diarias de herramientas, orden y limpieza, cumplimiento de señalización, comunicación de incidencias y participación en simulacros. Su estandarización, el seguimiento y la mejora continua resultan claves para consolidar un entorno laboral seguro, eficiente y saludable.

Ejercicios de autoevaluación
Unidad de Aprendizaje 3

1. Los accidentes de trabajo pueden generar costos...

    a. ... al afectado.
    b. ... a la empresa del afectado.
    c. ... a la sociedad.
    d. Todas las opciones son correctas.

2. La compensación económica a un afectado por haber sufrido un accidente se considera un coste...

    a. ... directo.
    b. ... indirecto.
    c. ... diferido.
    d. ... inferido.

3. La posibilidad de que un trabajador sufra un determinado daño derivado del trabajo es...

    a. ... un riesgo profesional.
    b. ... un factor de riesgo.
    c. ... un factor de accidente.
    d. Todas las opciones son incorrectas.

4. ¿Cuál de las siguientes opciones es un factor de riesgo?

    a. Caída a distinto nivel.
    b. Necesidad de subirse a escaleras de mano.
    c. Contacto eléctrico.
    d. Atropello por vehículos.

5. ¿Es accidente de trabajo la lesión sufrida realizando una tarea por cuenta propia?

    a. Sí, porque el trabajador por cuenta propia tiene empleador.
    b. No, porque el trabajador por cuenta propia no tiene empleador.

c. Solo en el caso de que el trabajador esté de baja como mínimo un día.

d. Solo en el caso de que el trabajador esté de baja como mínimo dos días.

6. **¿Cuál de las siguientes opciones es considerada una patología derivada del trabajo?**

a. Fatiga.
b. Estrés.
c. Insatisfacción laboral.
d. Todas las opciones son correctas.

7. **La OIT desempeña un papel fundamental en la prevención de riesgos laborales. Una de sus funciones principales es:**

a. Elaborar convenios y recomendaciones internacionales.
b. Inspeccionar empresas a nivel nacional.
c. Asignar recursos económicos a cada Estado miembro.
d. Contratar a los delegados de prevención.

8. **¿En qué año España se incorporó a la entonces Comunidad Económica Europea, integrando sus compromisos en materia de seguridad laboral?**

a. 1978.
b. 1981.
c. 1986.
d. 1992.

9. **¿Cuál es la sede de la Agencia Europea para la Seguridad y Salud en el Trabajo?**

a. Estrasburgo.
b. Luxemburgo.
c. Bilbao.
d. Bruselas.

10. **¿Cuántos delegados de prevención habrá en una empresa de 70 trabajadores?**

    a. Uno.
    b. Dos.
    c. Tres.
    d. Cuatro.

Elementos básicos de primeros auxilios

Contenido

Objetivo

El objetivo general de esta Unidad de Aprendizaje es:

→ Establecer las pautas de la prevención en las actuaciones de primeros auxilios, emergencia y evacuación.

Los objetivos específicos de esta Unidad de Aprendizaje son:

→ Reconocer los principios y las consideraciones generales de los primeros auxilios para actuar con seguridad y eficacia en la atención inicial de un accidentado.
→ Aplicar correctamente el protocolo PAS (proteger, avisar, socorrer) con el fin de garantizar una intervención ordenada y prioritaria en situaciones de emergencia.
→ Ejecutar las técnicas básicas de reanimación y de atención a emergencias médicas (RCP, control de hemorragias, tratamiento de quemaduras, fracturas, etc.) para preservar la vida y evitar el agravamiento de las lesiones hasta la llegada de los servicios sanitarios especializados.
→ Analizar la organización y el funcionamiento de los planes de emergencia, evacuación y autoprotección en el ámbito laboral para fomentar una cultura preventiva y una adecuada coordinación ante contingencias críticas.
→ Aplicar los principios de los primeros auxilios y el protocolo PAS (proteger, avisar, socorrer) en una situación realista de accidente laboral.

1. Introducción

La seguridad y la salud en el trabajo no dependen solo de la prevención de riesgos, sino también de la capacidad de respuesta inmediata ante un accidente o una situación de emergencia. Los primeros auxilios constituyen ese primer eslabón en la cadena de supervivencia, cuyo objetivo es prestar ayuda de manera rápida, eficaz y segura hasta la llegada de los servicios sanitarios especializados. Conocer las técnicas básicas y actuar con serenidad puede marcar la diferencia entre salvar una vida, evitar complicaciones graves o, por el contrario, agravar el estado del accidentado.

En este sentido, resulta esencial que todos los trabajadores reciban una formación básica en primeros auxilios y que dominen los procedimientos como el protocolo PAS (proteger, avisar, socorrer) y el protocolo CAB de reanimación cardiopulmonar (compresiones, apertura de vía aérea, boca a boca/ventilación). Además, el conocimiento del uso correcto de un DEA (desfibrilador externo automático), la actuación ante hemorragias, heridas, fracturas, quemaduras o intoxicaciones, así como el control inicial de la salud del accidentado, son competencias que permiten dar una respuesta adecuada ante cualquier contingencia en el entorno laboral.

2. Análisis primeros auxilios y salud

Se trata del conjunto de actuaciones y técnicas que permiten la actuación inmediata de un accidentado hasta la llegada de la asistencia médica oportuna, con el fin de evitar un posible empeoramiento del accidentado.

Formar al personal en primeros auxilios significa proporcionarles a los trabajadores los conocimientos más elementales para dispensar una ayuda eficaz a aquellas personas que han sufrido cualquier tipo de accidente.

2.1. Principios o consideraciones generales que tener en cuenta ante los accidentes

A continuación, vamos a ver una serie de principios o consideraciones generales que hay que tener en cuenta cuando se produzcan accidentes:

Actuar con tranquilidad
- No hay que perder los nervios para actuar de forma correcta y evitar errores irremediables. Además, de esta manera se tranquilizará al herido, hecho que se potencia al hablar con él, aunque no responda.

Evitar aglomeraciones
- Hay que impedir que el accidente se transforme en espectáculo. Además, la histeria colectiva puede entorpecer la actuación de los profesionales.
- La histeria colectiva también se conoce como histeria en masa, histeria de grupo, psicosis colectiva o comportamiento obsesivo colectivo.

Saber imponerse
- El personal preparado tiene que asumir la responsabilidad de la situación, dirigir la organización de recursos y la posterior evacuación del herido.

No desplazar ni mover al accidentado
- Como norma básica y elemental, no debe moverse a nadie que haya sufrido un accidente hasta estar seguros de que se pueden realizar movimientos que no entrañen riesgos de empeorar las lesiones ya existentes.
- No obstante, existen situaciones en las que la movilización deber ser inmediata, sobre todo, cuando las condiciones ambientales lo exijan o cuando sea necesaria la reanimación cardiopulmonar.

Hacer una composición del lugar
- Al llegar al lugar del siniestro, no se debe comenzar curando al primer herido que veamos, ya que puede haber otros en estado más grave y que, por tanto, necesiten ser atendidos en primer lugar. Por ello, se realizará un rápido examen del lugar teniendo en cuenta que puede haber heridos ocultos (debajo de escombros), posibles fuentes de peligro (amenaza de derrumbamiento, ruptura de canalizaciones de gas o de agua, fuego…), etc.

Dejar al herido acostado sobre la espalda
- Es un medio para combatir el estado de shock. No obstante, si un herido tiene la cara congestionada, hay que alzarle un poco la cabeza, inclinándola hacia un lado si vomita.

DEFINICIÓN

Shock
Es una afección potencialmente mortal que se presenta cuando el cuerpo no está recibiendo un flujo de sangre suficiente, lo cual puede causar daño en múltiples órganos.

Además, es necesario:

● **Manejar al herido con precaución.** Jamás se cambiará de sitio al accidentado antes de cerciorarse de su estado y haber realizado los primeros auxilios.
● **Examinar bien al herido.** Investigar si sangra, si respira, si tiene una fractura, si presenta quemaduras, si ha perdido el conocimiento, etc. Hay que asegurarse de no haber dejado escapar nada. Se tendrá en cuenta que:

  ◗ La hemorragia y el cese de la respiración deben ser tratados antes de llevar a cabo cualquier otra acción.
  ◗ Cualquier víctima sin conocimiento habrá sufrido algún fuerte golpe en la cabeza.

● **No hacer más que lo indispensable.** Hay que limitarse a proporcionar aquellas medidas estrictamente necesarias para el transporte del herido. Por ello, no se intentará suplir al médico: nada de curas complicadas.
● **Mantener al herido caliente.** Cuando el cuerpo humano recibe una lesión, se produce la pérdida de calor corporal, acentuándose cuando se da pérdida de sangre. Por ello, todo el cuerpo debe ser calentado envolviendo al accidentado con una manta. No obstante, tampoco es bueno un calor excesivo.
● **Jamás hay que intentar que beba un herido sin conocimiento.** En este estado no podrá tragar y existe el peligro de ahogarlo cuando el líquido penetre en la tráquea. Si la víctima conserva el conocimiento y no presenta una herida profunda en el vientre, se le puede dar bebida, pero siempre lentamente, a pequeños sorbos.
● **No medicar.** Esta facultad es exclusiva del médico.
● **Tranquilizar al enfermo.** Calmar sus temores y levantarle el ánimo, no dejándolo ver sus heridas.

�» **Evacuar al herido acostado.** Lo más rápido posible, hacia el puesto de socorro u hospital; no obstante, a veces es preferible avisar al médico antes de efectuar su transporte.

�» **Avisar al personal sanitario.** Lo más rápido posible.

�» **Traslado adecuado.** Según las lesiones que presente el accidentado, la posición de espera y el traslado variarán.

IMPORTANTE

Hay que acabar con la práctica habitual de la evacuación en coche particular, ya que si la lesión es vital, no se puede trasladar y se debe atender *in situ*. Si la lesión no es vital, se puede esperar la llegada de un vehículo debidamente acondicionado (ambulancia).

- -

2.2. Activación del sistema de emergencia

La rápida actuación ante un accidente es esencial para que las consecuencias sean mínimas.

En el momento en que ocurra un accidente, se activará el llamado sistema de emergencia, cuyas actuaciones serán proteger, avisar y socorrer (PAS).

Proteger

Hay que asegurarse de que tanto el accidentado como la persona que lo socorre están fuera de peligro.

Siempre se debe proteger al accidentado.

 EJEMPLO

En caso de electrocución, hay que aislarse con el mayor cuidado posible. Para ello, hay que cortar la corriente eléctrica siempre que el interruptor esté cerca y, a continuación, coger un palo o un objeto de madera para apartar a la víctima de dicha corriente. Los pies se colocarán sobre firme u objeto seco y se envolverán las manos con trapos o periódicos secos.

En un ambiente tóxico, no se atenderá al intoxicado sin antes proteger nuestras vías respiratorias (uso de máscaras con filtros). De lo contrario, también nos accidentaríamos nosotros.

Avisar

Hay que avisar lo más rápido posible a los servicios sanitarios, activándose así el sistema de emergencia. Mientras tanto, se socorrerá a los accidentados siguiendo los consejos generales.

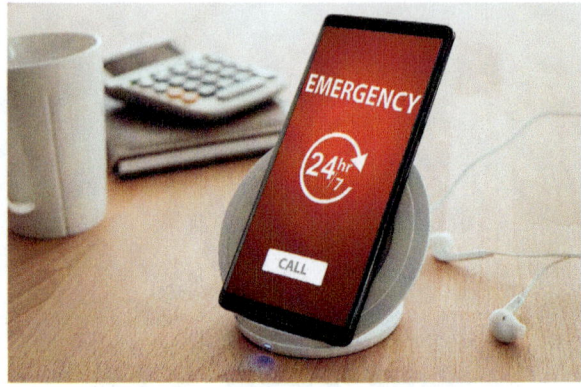

Ante un accidente siempre se ha de avisar a los servicios sanitarios.

Hay que planificar:

➲ Quién tiene que avisar.
➲ Qué mensaje y de qué manera tiene que darse.
➲ A quién debe darse el mensaje.

Una buena planificación de este sistema de alerta evitará complicaciones al accidentado, ya que se complicaría mucho el caso si se diese un mensaje equivocado y no se avisase a los servicios adecuados. Es importante que todos los trabajadores sepan los teléfonos referidos a:

➲ Ambulancia.
➲ Hospital de referencia.
➲ Mutua.
➲ Bomberos.
➲ Información toxicológica.
➲ Policía.
➲ Emergencias médicas.

————

Socorrer

Cuando se haya protegido al personal accidentado y avisado al organismo adecuado (servicios médicos, bomberos, etc.), hay que actuar sobre el herido, reconociendo sus signos vitales.

Los pasos que seguir para realizar el reconocimiento al herido son:

➲ **Estado de conciencia.** Para saber si un accidentado está consciente, se le preguntará qué ha pasado. Si contesta, se descartará la existencia de paro respiratorio. Pero el problema se agrava si no contesta, caso en el que hay que agitar muy levemente al accidentado para observar sus reacciones (gemidos, apertura de ojos, movimientos de cabeza, etc.). Si no reacciona, probablemente sea porque el accidentado esté inconsciente. En este caso, sin tocarlo, debemos comprobar su respiración.

➲ **Respiración.** Acercaremos la mejilla a la boca-nariz del accidentado y, mirando hacia el pecho para ver el movimiento torácico o abdominal, se escuchará la salida del aire, además de percibir el calor del aire exhalado:

   �> Si el enfermo respira, dejaremos de explorar otros signos vitales, ya que la respiración asegura que el corazón funciona correctamente. Se colocará al enfermo, siempre que no haya traumatismos que impidan la movilidad, en una posición que evite graves consecuencias si se produjese un vómito. Esta posición se denomina posición lateral de seguridad y consiste en situar al herido de lado, apoyado sobre una pierna y con la otra echada hacia delante para actuar como equilibrador. Hay que procurar que la cabeza quede de forma que permita la respiración del accidentado.

   �> Si el enfermo no respira, con la mayor brevedad posible, se colocará al enfermo en posición de decúbito supino (estirado mirando hacia arriba) y, después de explorar su boca para comprobar la existencia de cuerpos extraños (dientes desprendidos u otros objetos), se abrirán las vías aéreas mediante la hiperextensión del cuello, evitando que la lengua obstruya la vía de entrada del aire.

   �> Con esta maniobra a veces el enfermo vuelve a respirar. Si no es el caso, se realizará la respiración boca-boca.

➲ **Pulso.** Cuando el paro respiratorio está instaurado y ya hemos procedido a iniciar el boca-boca, es necesario comprobar el funcionamiento cardíaco mediante la toma del pulso carotídeo (cuello), por ser este el último que se pierde ante una parada cardíaca y, por el contrario, el primero que se nota al activarse de nuevo el ritmo cardíaco. Si se comprueba la existencia de pulso, se seguirá practicando la respiración artificial (boca-boca sin compresiones torácicas), pero si el pulso desaparece se procederá al masaje cardíaco externo acompañado de la respiración boca-boca.

Toma del pulso carotídeo

 SABÍAS QUE...

El protocolo PAS es la regla básica de actuación en los primeros auxilios y se aplica en cualquier situación de emergencia. Seguir este orden es vital: si no se protege primero, la persona rescatista puede convertirse en otra víctima; y si no se avisa a tiempo, la asistencia especializada puede retrasarse.

2.3. Personal que interviene en el sistema de emergencia

Tras analizar los pasos que seguir en el reconocimiento de un herido, hay que comentar que en el sistema de emergencia intervienen una serie de personas. Para que actúen de forma correcta, **el personal debe ser formado y entrenado adecuadamente.**

Testigos

En un accidente laboral nos podemos encontrar con testigos ordinarios, que son aquellos que no tienen ninguna formación ni preparación y que, en un momento dado, pueden incluso complicar la investigación al confundir los datos. Por ello, estos testigos no serán tenidos muy en cuenta.

También se encuentran los testigos privilegiados, que, con unos conocimientos adecuados, pueden, en un momento dado, hacer una valoración del accidente lo más objetiva posible.

Por último, tenemos los testigos profesionales, que son aquellos debidamente formados y entrenados para actuar en casos de accidentes laborales, ya que saben prestar primeros auxilios, dónde y a qué personas avisar, etc.

Estas personas serán los delegados de prevención, de personal, de seguridad, etc.

Accidente laborar con la actuación adecuada de testigos profesionales

El/la telefonista

Se trata de la persona adecuada para ponerse en contacto con los servicios de emergencia correspondientes. De ella depende la transmisión eficaz del mensaje, por lo cual se la considerará un testigo privilegiado.

Telefonista realizando una llamada para ponerse en contacto con el Servicio Sanitario

El/la socorrista

Para decidir con cuántos socorristas debemos contar, es importante tener en cuenta:

- Número de trabajadores de la empresa.
- Las dimensiones de la empresa.
- Tipo de trabajo y tareas que se realizan, así como la distribución de los trabajadores de acuerdo con las diferentes tareas.
- Riesgos existentes en la empresa. Magnitud de estos.
- Turnos de trabajo.
- La existencia de servicios médicos externos próximos a la empresa.

En cualquier caso, se deberá contar siempre con una persona formada que pueda actuar, en un primer momento, ante situaciones de emergencia.

Como medida orientativa, diremos que se ha de contar con un socorrista por cada 50 trabajadores y por turno, siempre considerando una empresa de nivel de riesgo bajo, por ejemplo, trabajos administrativos. Conforme suba el nivel de riesgo, hay que aumentar el número de socorristas en relación con la gravedad de los riesgos de la empresa.

2.4. Socorrismo laboral

El **socorrismo laboral** son los cuidados y las atenciones inmediatas que se les proporcionan a las personas que han sufrido un accidente en el ámbito laboral, al objeto de prestarles primeros auxilios, aliviarles el dolor y evitar que empeore su estado de salud.

El **socorrista laboral,** trabajador voluntario, poseerá formación en prevención de riesgos laborales, por lo que conocerá exhaustivamente los riesgos específicos de su empresa y deberá recibir periódicamente cursos de reciclaje.

La formación se dividirá en tres niveles:

Nivel básico o mínimo	- Será una formación que capacite al socorrista para atender urgencias, como pérdida de conocimiento, hemorragias, obstrucciones de vías respiratorias, paradas cardiorrespiratorias, etc.
Nivel intermedio o complementario	- Con esta formación podrá atender situaciones consideradas como urgencias médicas hasta la llegada de los servicios médicos oportunos. Estas situaciones serán quemaduras leves, fracturas, esguinces, heridas leves, luxaciones, etc.
Nivel superior o específico	- En este nivel se deberá contar con una formación muy específica en cuanto a los riesgos particulares de la empresa, de forma que la persona formada en este nivel sea capaz, por ejemplo, de actuar ante situaciones de contaminación ambiental grave, quemaduras por productos químicos, intoxicaciones graves, etc.

 ## ACTIVIDAD COMPLEMENTARIA

13. Cita tres elementos básicos que consideres imprescindibles en un botiquín de primeros auxilios en el lugar de trabajo.

Por otro lado, ¿piensas que la formación en primeros auxilios de los trabajadores puede marcar la diferencia en una situación de emergencia? Explica por qué.

2.5. Evacuación primaria de un accidentado

La evacuación primaria de un accidentado constituye la primera acción organizada para trasladar a una persona herida desde el lugar del accidente hasta una zona segura donde pueda recibir atención inmediata. Este procedimiento debe ejecutarse con rapidez, pero también con precaución, evitando los movimientos innecesarios que puedan agravar las lesiones. En cualquier entorno laboral, donde pueden presentarse caídas, golpes, quemaduras, intoxicaciones u otros incidentes, la evacuación primaria exige coordinación, conocimientos básicos de movilización y el uso adecuado de los medios de emergencia disponibles. De este modo, se garantiza la seguridad del accidentado y la de quienes participan en la maniobra.

Se debe efectuar una evaluación primaria que consistirá en determinar aquellas situaciones en las que exista la posibilidad de pérdida de la vida de forma inmediata:

- **Introducción.** Se trata de la identificación de los signos vitales del accidentado: conciencia, respiración y pulso.
- **Estado de consciencia.** Se preguntará al accidentado por lo sucedido:

  - Si contesta, se descartará la existencia de paro respiratorio.
  - Si no responde, se le agitará levemente para que emita sonidos (sollozos, gemidos, etc.) o para que empiece a mover diferentes partes de su cuerpo.
  - Si, a pesar de todo, el accidentado sigue sin responder, significa que el herido se encuentra en estado de inconsciencia. En este caso, se comprobará si el herido respira o no, siempre sin tocar al enfermo por si este tuviera alguna lesión traumática que pudiéramos empeorar.

- **Respiración.** Acercaremos la mejilla a la boca-nariz del accidentado. Mirando hacia el pecho para ver el movimiento torácico, se escuchará la salida del aire:

  - Si el enfermo respira, quiere decir que el corazón funciona correctamente. Se colocará al enfermo en la conocida como posición lateral de seguridad. Consiste en situar al herido de lado, apoyado sobre una pierna y con la otra echada hacia delante para actuar como equilibrador, procurando que la cabeza quede de forma que permita la respiración del accidentado.
  - Si el enfermo no respira, rápidamente se colocará en posición de decúbito supino y, tras comprobar la inexistencia de cuerpos extraños en su boca, se abrirán las vías aéreas mediante la hiperextensión del cuello, evitando que la lengua obstruya la vía de entrada del aire.
  - Si el enfermo sigue sin respirar, se realizará la respiración boca a boca.

- **Pulso.** Tras comprobar el paro respiratorio, antes de iniciar el boca-boca, se comprobará el funcionamiento cardíaco mediante la toma del pulso carotídeo (cuello). Si se comprueba la existencia de pulso, se seguirá practicando la respiración artificial (boca-boca sin compresiones torácicas), pero si el pulso desaparece se procederá al masaje cardíaco externo, acompañado de la respiración boca-boca.

En este caso, la persona encargada deberá tener unos conocimientos básicos de anatomía y fisiología.

Conocimientos anatómicos básicos

¿De qué consta el cuerpo humano? Las partes del cuerpo humano son:

Cabeza
- Es la parte anterior del cuerpo que contiene la boca, el cerebro y varios órganos sensoriales (generalmente órganos de visión, audición, olfato y gusto).

Cuello
- Es la porción móvil que une la cabeza con el tronco.

Tronco
- Es una especie de cavidad ovoidea, dividida a su vez en dos cavidades más pequeñas (superior e inferior) por un músculo que recibe el nombre de diafragma. La cavidad inferior o abdomen contiene numerosas vísceras, entre las que destacan hígado, estómago, páncreas, bazo, intestino, riñones y vejiga.

Extremidades
- Los grupos de extremidades (superior e inferior) tienen una cierta analogía o semejanza desde el punto de vista anatómico. Las extremidades superiores se pueden dividir en cuatro segmentos: el hombro, el brazo, el antebrazo y la mano. Las extremidades inferiores se componen también de cuatro segmentos: la cintura pélvica, el muslo, la pierna y el pie.

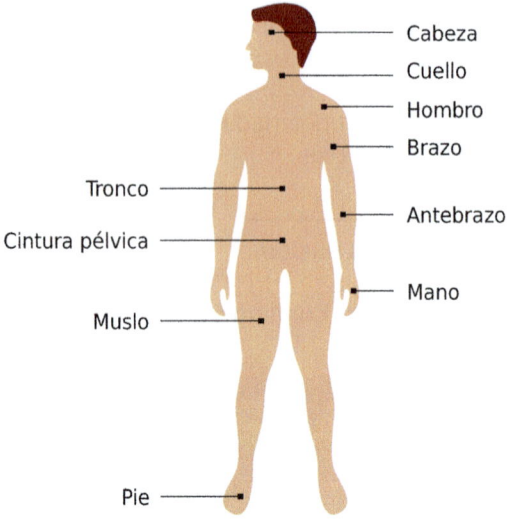

Identificación de los elementos que integran la anatomía humana

Conocimientos fisiológicos básicos

Cada uno de los órganos del cuerpo humano desempeña una función: el corazón es el órgano de la circulación, el estómago el de la digestión, etc.

Además del trabajo concreto que realiza cada uno de los órganos, adquiere verdadera importancia el trabajo conjunto. Así, un grupo de órganos que en conjunto ejecutan una misma función constituyen lo que se llama un aparato.

Los principales aparatos del cuerpo humano son:

- **Aparato locomotor.** En general, permite interactuar con el medio que le rodea, mediante el movimiento o locomoción. Consta de dos partes principales: el armazón o esqueleto y los músculos.
- **Aparato digestivo.** Conjunto de órganos encargados del proceso de digestión. Principalmente, consta de dos partes: el tubo digestivo y las glándulas digestivas, que producen los jugos necesarios para la transformación de los alimentos.
- **Aparato urinario.** Su finalidad es desechar los productos nitrogenados del cuerpo por medio de la orina. El aparato urinario está constituido por dos partes principales: las glándulas secretoras o riñones, que, en número de dos, extraen la orina de la sangre, y el aparato excretor, que expulsa al exterior dicha orina.

➲ **Sistema nervioso.** Su función principal es captar y procesar las señales, ejerciendo control y coordinando el resto de los órganos para lograr una eficaz interacción con el medioambiente.

Las neuronas son las células especializadas del sistema nervioso. Se encargan de coordinar las distintas acciones.

➲ **Aparato circulatorio.** Como su propio nombre indica, es el encargado del proceso de circulación de la sangre. Mantiene la corriente circulatoria y distribuye la sangre por todo el organismo.

Además de la sangre, el aparato circulatorio está formado por el corazón y los vasos sanguíneos, es decir, venas, arterias y capilares.

El corazón se contrae para impulsar la sangre hacia los grandes vasos. La sangre que sale del corazón es conducida por las arterias a los diferentes órganos. Por las venas, la sangre vuelve al corazón. El sistema de canalizaciones se completa con los capilares, vasos en los que se realiza el intercambio entre la sangre y las células.

➲ **Aparato respiratorio.** Mediante este aparato se lleva a cabo el intercambio gaseoso entre el ser vivo y el mundo exterior.

En humanos y otros mamíferos, el sistema respiratorio consiste en vías aéreas, pulmones y músculos respiratorios.

2.6. Principales emergencias médicas

La práctica de los primeros auxilios puede salvar la vida a muchas personas. Por ello, debemos tener presente algunas nociones básicas ante las consecuencias más comunes provocadas por accidentes u otras causas. Entre los casos más frecuentes destacan:

➲ **Contusiones.** Son lesiones físicas no penetrantes en el cuerpo, causadas por golpes o caídas. Los efectos varían según la fuerza del impacto. La zona afectada suele inflamarse tras la aparición del dolor. En muchos casos, el tratamiento es la colocación de bolsas de hielo sobre la zona afectada.

➲ **Fracturas.** Son pérdidas en la continuidad de la sustancia ósea, es decir, roturas en los huesos.

Las fracturas pueden ser:

◗ Cerradas: la piel cubre el hueso roto, es decir, la punta de la fractura no provoca la ruptura de la piel.

◗ Abiertas: la punta del hueso fracturado perfora los músculos y la piel. Ello implica la posibilidad de que microorganismos exteriores puedan entrar en el cuerpo y provocar infecciones.

En caso de fractura, hay que reconocer al accidentado sin cambiarle de postura para no agravar la situación. Para inmovilizar el hueso roto, se le colocará una férula.

 DEFINICIÓN

Férula
Tablilla flexible con su respectivo vendaje que cubrirá la zona del hueso afectado por ambos lados.

Hay que tener en cuenta que las fracturas más peligrosas son las del cuello, las vértebras cervicales y la columna vertebral, porque pueden paralizar varios miembros, como brazos, piernas, cuerpo e incluso, en caso extremo, producir la muerte.

Quemaduras

Las quemaduras son lesiones de la piel producidas por la descomposición de tejidos orgánicos debido a factores como el calor, el frío, productos químicos o la electricidad.

La clasificación de las quemaduras según la intensidad es la siguiente:

> **De primer grado**
> - Solo afectan a la capa externa de la piel (epidermis) por lo que las consecuencias no son graves, se enrojece la piel sin llegar a formar ampollas.

> **De segundo grado**
> - Afectan a las dos primeras capas de la piel, formando ampollas con un líquido en su interior, llamado plasma.

> **De tercer grado**
> - Su gravedad es considerable. Pueden llegar a destruir los tejidos y formar zonas muertas.

Ante una quemadura, antes de administrar los primeros auxilios, se debe evaluar la extensión y la profundidad de la parte más seria de la quemadura. Dependiendo de la clasificación de la quemadura se debe actuar:

⮑ **Quemaduras menores.** La actuación en caso de quemaduras menores consta de los siguientes pasos:

1. Calmar al afectado.
2. Si la piel no ha sido dañada, la zona afectada debe aliviarse con agua fría durante unos minutos. Una toalla limpia, húmeda y fría también ayuda a reducir el dolor.
3. Cubrir la quemadura con un vendaje estéril.

⮑ **Quemaduras graves.** La actuación en caso de quemaduras graves consta de los siguientes pasos:

1. En el caso de que una persona esté envuelta en llamas, dígale que se detenga, se tire al suelo y ruede. Envuelve a la persona en una manta, una alfombra, un abrigo...
2. Llama al teléfono de urgencias.
3. No retire la ropa quemada que se encuentre pegada a la piel.
4. Comprueba que el herido se encuentra respirando. Si las vías respiratorias están obstruidas, hay que abrirlas. Si es necesario, hay que suministrar respiración artificial.
5. Cubra la zona quemada con vendas estériles. Si el área quemada es muy extensa, puede cubrirse con una sábana.
6. Toma las medidas necesarias para evitar el *shock*.
7. Comprueba el pulso y la frecuencia respiratoria hasta que lleguen los servicios médicos.

Infecciones

Las infecciones se producen por el desarrollo de gérmenes nocivos que invaden el cuerpo, generalmente a través de una herida, y se multiplican en él.

Los síntomas de las infecciones son dolor en la zona afectada, enrojecimiento de esta, fiebre, cansancio y aparición de pus en las heridas.

Ante una urgencia, la zona infectada hay que limpiarla con una gasa esterilizada, desde el centro hacia los bordes, se aplicará un producto que desinfecte y, seguidamente, hay que tapar la herida con unas gasas, sujetándolas, por ejemplo, con esparadrapo.

En el caso de infección tetánica, como es una de las más peligrosas, hay que ir al centro sanitario más cercano para su tratamiento, ya que allí procederán a la vacunación del afectado.

Impacto de cuerpos extraños en los ojos

Se produce por la proyección de cuerpos extraños hacia los ojos. Los más habituales son polvo, cristal, pequeños trocitos de azulejos, etc.

En el caso de que el cuerpo extraño no esté clavado en el ojo, hay que extraerlo con la punta de un pañuelo. Si el cuerpo extraño se encuentra en la parte interior del párpado superior, se deber mirar hacia abajo y voltear el párpado hacia fuera.

Si está clavado sobre la córnea, se parpadeará varias veces con el fin de hacer un barrido; con las lágrimas se puede conseguir la expulsión. Si no se expulsa, hay que ir rápidamente al oculista.

Congelación

La congelación es la fase de dureza, palidez y enfriamiento del organismo cuando ha estado expuesto a un frío intenso durante un período de tiempo prolongado.

Puede afectar a cualquier parte del cuerpo, pero las más propensas son manos, pies, nariz y orejas.

El primer síntoma de congelación es la sensación de hormigueo seguida de entumecimiento. Otros síntomas son somnolencia, tambaleo...

Si nos encontramos ante una persona que presenta signos de congelación, actuaremos de la siguiente manera:

- Avisar a los servicios médicos.
- No calentar al herido con calefactores, bolsas de agua caliente, etc. Solo aplicar paños o bañar al herido con agua tibia.
- Llevar al afectado a una sala con temperatura normal, subiendo la temperatura paulatinamente.
- Cubrir las zonas afectadas con mantas o ropas de abrigo.
- Si el individuo está consciente, se le debe dar bebidas calientes muy azucaradas, pero no alcohólicas.

Heridas

La herida es una lesión en el cuerpo caracterizada por la pérdida de continuidad en la piel.

Las heridas pueden **clasificarse** en:

Cuando se produzca una herida, procederemos a la cura respetando el siguiente proceso:

Además, si duele la herida, se inflama mucho o si produce dolores de cabeza, es recomendable visitar al médico.

Hemorragias

Las hemorragias son pérdidas de sangre del cuerpo. Según el origen de la hemorragia, esta puede ser:

Según el tipo de vaso sanguíneo roto, la hemorragia puede ser venosa, arterial o capilar.

Es importante conocer las diferencias de los tipos de sangre para evaluar la gravedad del herido.

En cualquier caso, para detener la hemorragia se presionará directamente la zona herida. Posteriormente, se limpiará la herida y se procederá a vendar la zona, sin oprimir en exceso la herida.

El torniquete solo será aplicado cuando la hemorragia sea masiva y haya peligro de necrosis en el miembro sangrante. Se utilizará un material no cortante, como puede ser el caso de un pañuelo, una cuerda, etc., para rodear el miembro donde se vaya a realizar el torniquete. Cuando se haya rodeado el miembro, se realiza un nudo ajustándolo. Después, se pasará por debajo un utensilio de apoyo (palo, bolígrafo...) y se girará para aumentar la presión del torniquete. Posteriormente, el utensilio se vuelve a insertar dentro del pañuelo para fijarlo. Es importante aflojar el torniquete cada 15-20 min para evitar la pérdida del miembro.

IMPORTANTE

A la hora de realizar el torniquete, no utilice ningún material que pueda lesionar arterias o venas.

Luxaciones

Llamamos luxaciones a las lesiones producidas por la pérdida de contacto de las superficies articulares.

La luxación puede ser:

Completa
- El hueso se sale totalmente de su sitio.

Subluxación
- El hueso se separa parcialmente de las articulaciones.

La luxación y la subluxación más frecuentes se producen en el hombro, la cadera, la rodilla, el codo, el tobillo, los dedos y la muñeca.

Las luxaciones vienen precedidas de esguinces, que son desgarros de ligamentos producidos al forzar el movimiento de una articulación. Este desgarro debilita la articulación y produce la luxación con un movimiento brusco.

Entre los síntomas de luxación más visibles están la desviación del eje normal del miembro o la deformidad de la articulación. Otro síntoma es el alargamiento o el acortamiento de la articulación, así como la disminución en los movimientos de la articulación.

La forma de actuar ante una luxación es muy sencilla: se inmovilizará la zona afectada y se trasladará al herido al centro de asistencia sanitario más cercano.

Shock traumático

El *shock* traumático es un deterioro del estado circulatorio caracterizado por una disminuida perfusión de los órganos vitales que, si no es corregida, lleva a la muerte.

Los síntomas son:

- Piel pálida, sudorosa y fría.
- Pulso acelerado.
- Respiración débil o acelerada.
- Músculos flácidos.
- Síntomas de miedo e inquietud.

Ante la aparición de estos síntomas en una persona, hay que avisar a los servicios sanitarios. Mientras llegan:

- Aplicar respiración artificial si el afectado no respira.
- Realizar la reanimación cardiovascular en el caso de paro cardíaco.
- Si la víctima se encuentra pálida, hay que bajarle la cabeza pero nunca hay que darle de beber.
- Si la víctima vomita, hay que colocarle la cabeza a un lado para evitar que se ahogue.

Insolación

La insolación también es conocida como golpe de calor, se trata de la elevación de la temperatura corporal por encima de lo normal. Se presenta repentinamente a causa de una exposición prolongada a los rayos solares o a las altas temperaturas, por deshidratación, etc. En los casos más graves, la persona afectada perderá el conocimiento.

Entre los síntomas de una insolación destacan mareos, confusión, sudoración excesiva, náuseas y vómitos.

Ante un caso de insolación, se actuará de la siguiente manera:

- Llamar a los servicios sanitarios.

⊃ Llevar al afectado a la sombra y colocarle los pies en una posición elevada. Si puede ser, abanicarlo o hacer uso de ventiladores.

⊃ Quitarle la ropa y colocarle paños humedecidos.

Descargas eléctricas

Las descargas eléctricas se producen por fallos en la instalación eléctrica, fallos de la maquinaria y por falta de aislamiento.

Cuando nos cercioremos de que la maquinaria o la instalación eléctrica producen descargas, hay que desconectar la corriente mediante el interruptor.

Una persona sufre la descarga cuando su cuerpo entra a formar parte de un circuito eléctrico. La electricidad circula por su cuerpo cuando, por ejemplo, la mano toca un aparato cuyo cable está deteriorado.

Cuando una persona es víctima de una descarga, hay que actuar respetando el siguiente procedimiento:

Mantener la calma.

Desconectar el interruptor general o el aparato que haya provocado el accidente. La persona que vaya a realizar la desconexión debe utilizar calzado de goma y situarse sobre suelo seco. Puede ayudarse de algún objeto no metálico, preferiblemente de madera seca.

Avisar inmediatamente a los servicios médicos.

No intentar separar a la víctima de la corriente, ya que podemos sufrir la descarga. Solo se tocará al accidentado cuando la corriente no le esté afectando.

Tapar a la víctima con una manta.

2.7. Técnicas de reanimación

Las técnicas de reanimación abracan los procedimientos fundamentales que permiten mantener con vida a una persona en situaciones de emergencia vital, como una parada cardiorrespiratoria, hasta la llegada de asistencia sanitaria especializada. Estas técnicas incluyen maniobras básicas como la reanimación cardiopulmonar (RCP), el uso de desfibriladores externos automatizados (DEA) y la aplicación de ventilaciones de rescate, todas ellas orientadas a preservar la oxigenación y la circulación sanguínea de los órganos vitales. La correcta ejecución de estas maniobras resulta determinante para aumentar las posibilidades de supervivencia y reducir las secuelas en la víctima, por lo que su aprendizaje y su práctica constituyen una competencia esencial en la prevención y la atención de emergencias.

Respiración artificial

Existen diversas técnicas de ventilación asistida para una persona que ha dejado de respirar o que le es dificultosa la respiración.

Boca a boca

La técnica más usual es el boca a boca. Fundamentalmente, consiste en despejar las vías respiratorias y estimular la inhalación y la exhalación.

Los pasos que seguir son:

1. Colocar a la víctima boca arriba e inclinarle la cabeza hacia atrás.
2. Abrir y liberar las vías respiratorias de cualquier elemento que le impida la entrada de aire: dientes, alimentos, chicle, etc.
3. Cerrar los orificios nasales haciendo pinza con los dedos índice y pulgar.
4. Colocar nuestra boca sobre la de la víctima e insuflar aire durante 2-3 segundos, observando que se expande el tórax del accidentado.
5. Levantar la cabeza y colocar el oído sobre la boca de la víctima para sentir que expulsa el aire. Se repetirá el mismo procedimiento una sola vez, por lo que solo se le han realizado dos insuflaciones.
6. Tras las dos insuflaciones, hay que observar si se dan signos de recuperación (movimientos reflejos, tos, etc.). Si existe pulso, comprobándolo en el cuello, hay que continuar con diez insuflaciones por minuto hasta que recupere la respiración (3 segundos para inspirarle aire y otros 3 para extraerle el aire.). Si no existe pulso, hay que comenzar el masaje cardíaco.

Masaje cardíaco

Este masaje se efectuará cuando advirtamos la ausencia de ritmo cardíaco.

Consiste en efectuar compresiones rítmicas sobre el tórax para comprimir las cavidades cardíacas y, de esta forma, vaciar el corazón y lograr que la sangre fluya hacia las arterias. Las compresiones se combinarán con respiración artificial para que la sangre se oxigene y se distribuya por todo el organismo. Para realizar las acciones (comprimir e insuflar aire), es conveniente que haya dos personas.

Los pasos que seguir son:

1. Situar el accidentado boca arriba sobre una superficie plana y firme, situándose los socorristas a su lado para que uno pueda colocar sus brazos totalmente extendidos sobre el pecho de la víctima y el otro insuflar el aire.
2. Palpar el centro del pecho y localizar el hueso esternón, ya que es el lugar donde deben ejercerse las presiones.
3. Apoyar el talón de la mano sobre el esternón y comprimirlo (2-3 cm) unas 30 veces. Deja de presionar para realizar dos insuflaciones de aire. Nunca hay que darse por vencido; repetir esta operación durante media hora.

 TAREA 4

En la empresa Mecatrónica Global S. L., un trabajador acaba de sufrir un accidente mientras realiza las labores de mantenimiento eléctrico. Al manipular un cable deteriorado, ha recibido una descarga eléctrica y ha quedado tendido en el suelo, aparentemente inconsciente.

Como responsable del equipo de prevención y primera persona en llegar al lugar del accidente:

*   ¿Cuál debe ser la primera acción antes de socorrer al accidentado?
*   ¿Qué pasos del protocolo PAS debes aplicar en esta situación?
*   ¿Cómo debes comprobar si el trabajador está consciente y respira?
*   Si el accidentado no respira ni tiene pulso, ¿qué técnica de reanimación debes aplicar hasta la llegada de los servicios de emergencia?
*   ¿Qué errores debes evitar en este tipo de accidente?

3. Procedimiento general RCP-CAB

La **reanimación cardiopulmonar (RCP)** es una técnica de emergencia vital orientada a preservar la circulación de la sangre y la oxigenación del organismo en situaciones de parada cardiorrespiratoria. Su aplicación inmediata aumenta significativamente las probabilidades de supervivencia del accidentado hasta la llegada de personal sanitario especializado.

El protocolo internacional de referencia es el **RCP-CAB,** cuyas siglas corresponden a *Circulation* (circulación) - *Airway* (vía aérea) - *Breathing* (respiración). Este orden responde a la necesidad de priorizar la restauración de la circulación sanguínea mediante compresiones torácicas, ya que se ha demostrado que el flujo de sangre oxigenada, aunque sea mínimo, resulta crítico para la supervivencia cerebral y cardíaca.

3.1. Etapas del procedimiento CAB

Antes de detallar cada una de las fases que integran el procedimiento **RCP-CAB,** es importante comprender que este protocolo sigue un orden lógico de prioridades vitales. La secuencia **Circulación - Vía aérea - Respiración** no es arbitraria, sino que responde a la necesidad de garantizar el flujo sanguíneo mínimo que mantiene con vida al cerebro y al corazón, para después asegurar la apertura de las vías respiratorias y, finalmente, restablecer la ventilación. Este enfoque permite optimizar las maniobras de reanimación y aumentar la probabilidad de supervivencia de la víctima en los primeros minutos críticos.

Las fases que integran este procedimiento son:

⊃ *Circulation* (C –Circulación):

- Lo primero es comprobar si la persona tiene pulso.
- En ausencia de pulso, se iniciarán las compresiones torácicas de forma inmediata.
- La técnica básica consiste en colocar las manos entrelazadas sobre el centro del pecho (hueso esternón) y realizar compresiones firmes y rápidas, a un ritmo de 100 a 120 compresiones por minuto, con una profundidad aproximada de 5 cm en los adultos.
- Tras cada compresión debe permitirse la expansión completa del tórax.
- El objetivo es mantener la circulación sanguínea artificial, asegurando un mínimo aporte de oxígeno a los órganos vitales.

⊃ *Airway* (A – Vía aérea):

◑ Tras iniciar las compresiones, se debe asegurar que las vías respiratorias estén despejadas.
◑ Se emplea la maniobra frente-mentón (inclinar la cabeza hacia atrás y elevar suavemente la barbilla) o, en caso de sospecha de traumatismo cervical, la maniobra de tracción mandibular sin movilizar el cuello.
◑ Es fundamental retirar cualquier cuerpo extraño visible en la boca que pueda obstruir la entrada de aire.

⊃ *Breathing* (B – Respiración):

◑ Una vez garantizada la apertura de las vías respiratorias, se debe evaluar la respiración.
◑ Si la víctima no respira, se deben aplicar las ventilaciones de rescate: se cubre la boca del accidentado con la del reanimador, se tapan las fosas nasales y se insufla aire durante un segundo, observando la expansión del tórax.
◑ La proporción recomendada en los adultos es de 30 compresiones torácicas por cada 2 ventilaciones, repitiéndose el ciclo de manera continua.

3.2. Consideraciones adicionales

Además de seguir la secuencia básica de compresiones torácicas, apertura de la vía aérea y ventilaciones de rescate, es necesario tener en cuenta una serie de aspectos complementarios que pueden marcar la diferencia en la eficacia de la maniobra. Estas consideraciones permiten adaptar el procedimiento a distintos contextos, condiciones del accidentado y recursos disponibles, garantizando así una intervención más segura y efectiva. Entre estas consideraciones destacan:

⊃ **Uso del desfibrilador externo automatizado (DEA).** Siempre que haya un DEA disponible, debe integrarse en la maniobra de RCP lo antes posible. El dispositivo guía al reanimador con instrucciones claras y determina si es necesaria una descarga para restablecer el ritmo cardíaco. Su aplicación precoz aumenta de forma considerable las probabilidades de supervivencia.
⊃ **Reanimación en solitario o en equipo.** Si la RCP la realiza una sola persona, se debe priorizar la continuidad de las compresiones torácicas, interrumpiendo lo menos posible para realizar las ventilaciones. Cuando intervienen dos o más reanimadores, es recomendable alternar las fun-

ciones de compresión y ventilación cada cierto tiempo para evitar la fatiga y mantener la calidad de la maniobra.

⮑ **Duración de la RCP.** Las maniobras deben mantenerse de forma continua hasta que la víctima recupere los signos vitales (respiración espontánea o pulso), hasta la llegada de los servicios de emergencia o hasta que el reanimador esté exhausto e imposibilitado para continuar. Interrumpir prematuramente la RCP reduce drásticamente las posibilidades de supervivencia.

⮑ **Adaptaciones según la víctima:**

    ◍ **Adultos:** se aplican 30 compresiones y 2 ventilaciones, con una profundidad de 5 cm.

    ◍ **Niños y lactantes:** la técnica se ajusta a su anatomía, con menor profundidad en las compresiones (aproximadamente un tercio del diámetro torácico) y un volumen reducido en las ventilaciones.

    ◍ **Personas con riesgo de lesión cervical:** en estos casos se debe evitar la hiperextensión de la cabeza al abrir la vía aérea, utilizando preferiblemente la maniobra de tracción mandibular.

⮑ **Calidad de las compresiones torácicas.** Las compresiones deben ser rítmicas, firmes y profundas, permitiendo la completa expansión del tórax después de cada una. La calidad se prioriza frente a la cantidad: las compresiones poco profundas o demasiado lentas resultan ineficaces.

IMPORTANTE

El procedimiento RCP-CAB no se limita a aplicar compresiones y ventilaciones: implica también considerar los recursos disponibles, el número de reanimadores y las características del accidentado. La combinación de técnica, criterio y práctica frecuente es la clave para una reanimación eficaz.

APLICACIÓN PRÁCTICA

Luis es operario en una fábrica y, durante su jornada, presencia cómo un compañero cae desplomado al suelo. Tras comprobar que no responde y que no respira, recuerda que debe aplicar la reanimación cardiopulmonar (RCP) siguiendo el protocolo CAB.

Continúa en página siguiente >>

<< Viene de página anterior

Según el protocolo CAB, ¿cuál es la primera maniobra que debe realizar Luis en la reanimación cardiopulmonar?

Solución

El protocolo CAB de la RCP indica que la actuación debe seguir este orden:

- **C – Compresiones:** iniciar inmediatamente con 30 compresiones torácicas en el centro del pecho, a un ritmo de unas 100-120 por minuto y con una profundidad de 5-6 cm.
- **A – Apertura de la vía aérea:** tras las compresiones, inclinar la cabeza hacia atrás y levantar el mentón para abrir la vía aérea.
- **B – Boca a boca (ventilación):** administrar 2 ventilaciones de rescate asegurando que el tórax del accidentado se eleve con cada insuflación, lo que confirma la correcta entrada de aire a los pulmones.

---

4. Control de salud

El control de la salud de los trabajadores se lleva a cabo a través de la conocida oficialmente como vigilancia de la salud.

Se basa en una serie de técnicas (control biológico, *screening*) y otros datos (exploraciones físicas, encuestas, pruebas complementarias, etc.) tomados sistemática y periódicamente para conocer el estado de salud de los trabajadores o para detectar cambios en el estado, y así poder desarrollar estrategias de prevención.

 DEFINICIÓN

Screening
En medicina, se trata de una estrategia aplicada sobre una población para detectar una enfermedad en individuos sin signos o síntomas de esa enfermedad.

La vigilancia de la salud persigue dos tipos de objetivos:

- **Individuales.** Como objetivos individuales de la vigilancia de la salud destacan:

  - Detectar precozmente las alteraciones de la salud.
  - Identificar aquellos trabajadores que sean muy susceptibles o especialmente sensibles a ciertos riesgos.

- **Colectivos.** Por otro lado, la vigilancia de la salud también persigue una serie de objetivos colectivos:

  - Valorar el estado de salud de los trabajadores.
  - Evaluar la eficacia del plan de prevención.
  - Aportar datos para la evaluación de la exposición ambiental.
  - Intervenir en los planes de educación sanitaria. Elaborar un mapa de riesgos.

En el artículo 22 de la Ley 31/1995 se recoge legalmente el derecho que tienen los trabajadores a una vigilancia periódica de su estado de salud. Este derecho, según el citado artículo, está garantizado por el empresario.

El artículo 22 también indica que la vigilancia de la salud hay que llevarla a cabo en función de los riesgos inherentes a cada trabajador. Así queda claro que, por ley, la vigilancia se realizará en función de los riesgos a los que está sometido el trabajador en el lugar de trabajo.

La Ley de Prevención de Riesgos Laborales, a través de su artículo 22, también recoge que la vigilancia de la salud es voluntaria, pero hay casos en los que, a pesar de que el trabajador no preste su consentimiento, hay que llevar a cabo la vigilancia:

> Cuando la vigilancia de la salud se considere imprescindible para evaluar los efectos de las condiciones de trabajo sobre la salud.

> Cuando la vigilancia de la salud se considere imprescindible para comprobar si el estado de salud de un trabajador puede constituir un peligro para sí mismo, para el resto de los trabajadores o para otras personas relacionadas con la empresa.

> Cuando lo establezca una disposición legal.

La confidencialidad de los resultados también es un punto que deja claro el **artículo 22:**

- Los resultados solo serán comunicados a los trabajadores.
- A los empresarios y a los responsables preventivos de la empresa se les puede informar sobre las conclusiones en términos de si un trabajador es apto o no apto para su puesto; incluso si, siendo apto, hay que introducir en la empresa las correctas medidas de protección y prevención.

Asimismo, hay que saber que el empresario está obligado a garantizar la vigilancia de la salud hasta que un trabajador permanezca en la empresa. Pero hay una excepción: la vigilancia se prolongará más allá de la finalización de la relación laboral siempre que los efectos sobre los trabajadores así lo aconsejen (cuando los efectos tengan un período de latencia largo o cuando puedan aparecer una vez extinguida la relación contractual).

 IMPORTANTE

El coste económico derivado de la vigilancia de la salud nunca recaerá sobre el trabajador.

Por último, hay que decir que ninguna norma establece una periodicidad para que los trabajadores reciban los servicios de vigilancia de la salud.

Está claro que el empresario tiene que ser responsable y, junto con sus asesores preventivos, establecer la periodicidad idónea; seguramente esto vaya en función de los riesgos, el trabajo que se va a realizar, etc. A pesar de ello, sí que pueden diferenciarse distintos tipos de vigilancia en función de la periodicidad:

- **Inicial.** Al incorporarse el trabajador a la empresa o tras haberle asignado sus tareas.
- **Periódica.** Debida al trabajo con determinados productos, en determinadas condiciones o por las características personales de cada trabajador.
- **Ausencia.** Tras una ausencia prolongada por enfermedad.
- **Previa.** A la exposición a los productos peligrosos.
- **Posocupacional.** Cuando el efecto del riesgo tiene un largo período de latencia.
- **Daños.** Por detección de daño en un trabajador.

5. Actuación de emergencia y evacuación

La actuación de emergencia y evacuación representa la puesta en marcha de los planes preventivos diseñados para responder a las situaciones críticas dentro de un centro de trabajo. Cuando se produce un accidente, un incendio, una explosión, un escape tóxico u otra contingencia grave, la rapidez y la organización de las acciones determinan la magnitud de los daños. Por ello, se considera un eje esencial de la seguridad laboral contar con protocolos claros, personal formado y simulacros periódicos que garanticen la efectividad del proceso.

El objetivo principal de esta actuación no es únicamente proteger los bienes materiales, sino salvaguardar la integridad física y psicológica de los trabajadores y facilitar la coordinación con los servicios de emergencia externos.

5.1. Principios de actuación en emergencias

Antes de ejecutar cualquier acción, es fundamental comprender los principios que guían la respuesta ante emergencias. Estos principios sirven de marco de referencia para todos los trabajadores y facilitan que las decisiones se tomen bajo criterios objetivos, evitando la improvisación.

Entre los más relevantes se encuentran:

Rapidez	- Actuar de forma inmediata reduce la gravedad de las consecuencias.
Orden	- Evitar la improvisación y seguir los protocolos establecidos.
Seguridad	- Priorizar siempre la protección de las personas antes que la de los bienes materiales.
Comunicación eficaz	- Asegurar que la información llegue con claridad a todos los niveles.
Colaboración con servicios externos	- Como bomberos, ambulancias, policía y servicios de protección civil.

5.2. Procedimiento general de actuación en una emergencia

El procedimiento de actuación es el conjunto de fases que estructuran la respuesta organizada frente a un incidente. Contar con un esquema común permite que cualquier trabajador conozca cómo actuar, incluso en un entorno de tensión.

De forma general, las etapas abarcan:

- **Detección y alarma.** Cualquier persona que observe una situación de riesgo debe comunicarla de inmediato al equipo de emergencia o, en su defecto, activar las alarmas establecidas.
- **Evaluación inicial.** El responsable de emergencia valora la magnitud de la situación (conato, emergencia parcial o general) y toma decisiones inmediatas.
- **Intervención inicial.** Los equipos designados (extinción de incendios, primeros auxilios, evacuación) actúan conforme a su formación y los medios disponibles.
- **Aviso a servicios externos.** Se contacta con bomberos, emergencias médicas o policía, según la naturaleza del incidente.
- **Evacuación ordenada.** Si la situación lo requiere, se procede al desalojo de las instalaciones siguiendo los itinerarios señalizados y dirigiéndose a los puntos de reunión.
- **Recuento y control.** Una vez completada la evacuación, se verifica que todas las personas se encuentren fuera de peligro.
- **Fin de la emergencia.** La autoridad competente (responsable interno o servicios externos) determina el momento seguro para el retorno.

6. Organización de la evacuación

La evacuación constituye una de las medidas más críticas en la gestión de emergencias, ya que implica el desplazamiento de todas las personas hacia zonas seguras. Este proceso debe ser planificado con antelación, designando responsables y definiendo rutas, puntos de reunión y recursos de apoyo.

En este contexto, cobra especial relevancia la figura del equipo de alarma y evacuación (EAE), compuesto por trabajadores formados que asumen la tarea de dirigir el proceso. Sus funciones incluyen:

- Indicar las rutas de evacuación establecidas.
- Evitar el uso de ascensores.
- Controlar accesos prohibidos o peligrosos.

⊃ Prestar especial atención a personas con movilidad reducida o necesidades especiales.
⊃ Garantizar el recuento final de los evacuados.

6.1. Buenas prácticas en la evacuación

Además de la organización formal, resulta necesario promover en los trabajadores un conjunto de buenas prácticas que refuercen la seguridad durante el desalojo de las instalaciones. Estas pautas no dependen únicamente de la formación, sino también de la disciplina y la responsabilidad individual de cada persona.

Entre ellas destacan:

⊃ Conservar la calma y caminar en fila ordenada, evitando correr o retroceder.
⊃ Seguir las señales luminosas y auditivas de emergencia.
⊃ No detenerse a recoger objetos personales.
⊃ Cerrar puertas y ventanas a medida que se abandona el área, sin bloquear salidas.
⊃ En caso de humo, desplazarse agachado para evitar la inhalación de gases tóxicos.
⊃ No regresar al edificio hasta recibir autorización oficial.

 IMPORTANTE

Para que la actuación de emergencia y evacuación sea efectiva, debe estar acompañada de simulacros periódicos que permitan comprobar la viabilidad de los procedimientos y mejorar la coordinación entre trabajadores y equipos de intervención. Estos ejercicios también ayudan a identificar deficiencias organizativas y a reforzar la cultura preventiva en la empresa.

7. Emergencias y evacuación

Según el artículo 20 de la Ley 31/1995 de Prevención de Riesgos Laborales, el empresario está obligado a analizar las posibles situaciones de emergencia para tomar las medidas necesarias en materia de primeros auxilios, lucha contra incendios y evacuación de los trabajadores. Por ello, consecuentemente, toda empresa dispondrá de documentos donde se plasme la correcta forma de actuar.

7.1. Plan de emergencia

Se trata del documento donde se plasma el conjunto de medidas destinadas a hacer frente a situaciones de riesgo que pueden llegar a materializarse, minimizando los posibles efectos y consecuencias personales y materiales.

 SABÍAS QUE...

En el caso de que el plan de emergencia plasme las normas y los medios de evacuación, se considerará que es un plan de emergencia y evacuación.

Objetivo del plan de emergencia

Aunque el plan de emergencia no persigue un solo objetivo, generalizando, se puede decir que busca la consecución de un sistema de actuación e intervención ante la posible aparición de una emergencia.

Como objetivos particulares o específicos, se pueden citar los siguientes:

- Identificar las distintas amenazas o situaciones de emergencia.
- Evaluar el nivel de riesgo.
- Afrontar cualquier emergencia surgida en el menor tiempo posible.
- Establecer medios que protejan al personal y las instalaciones ante la situación de emergencia, eliminando o minimizando las lesiones, los daños y las pérdidas.
- Determinar la estructura jerárquica de actuación durante la emergencia.
- Establecer las relaciones de colaboración con servicios externos, especificando qué instituciones y personas deben ser avisadas.
- Definir las señales de alarma según las características y/o la gravedad de las posibles situaciones.

⇨ Analizar la vulnerabilidad de las instalaciones ante las posibles emergencias.

⇨ Confeccionar métodos operativos que permitan la atención eficaz de las emergencias.

⇨ Establecer simulacros periódicos ante las posibles emergencias.

 IMPORTANTE

Al determinar la estructura jerárquica de actuación, hay que concretar quién es el máximo responsable.

7.2. Plan de evacuación

Un plan de evacuación es un proyecto, plasmado por escrito, donde se muestra la forma de desalojar, total o parcialmente, un centro de trabajo, de forma ordenada o controlada, cuando la situación de la emergencia así lo aconseje.

Objeto del plan de evacuación

La función/objeto de un plan de evacuación es desalojar un local de la mejor manera, es decir, actuando con la celeridad adecuada, sin improvisación, etc., y así minimizar las posibles consecuencias. Para conseguirlo es primordial:

⇨ **Mostrar aspectos organizativos.** Se refieren a las medidas de coordinación y planificación necesarias para garantizar una evacuación segura en caso de emergencia. Incluyen:

  ◊ La forma correcta de desocupar el lugar (ordenada, sin correr, sin regresar a recoger objetos personales).
  ◊ Designación de responsables de evacuación (coordinadores y guías).
  ◊ Identificación y señalización de puntos de encuentro externos.
  ◊ Establecimiento de rutas prioritarias y normas de comportamiento durante la evacuación.

- Ensayos periódicos de simulacros para comprobar la efectividad del plan.
- Comunicación clara y rápida de la emergencia a todos los trabajadores.

➲ **Mostrar aspectos técnicos.** Son las condiciones materiales y las infraestructuras que facilitan la evacuación y la seguridad en situaciones de riesgo. Incluyen:

- Vías de evacuación claramente señalizadas, iluminadas y libres de obstáculos.
- Puertas de emergencia de apertura fácil y en sentido de salida.
- Sistemas de alarma sonora y visual para alertar a todas las personas.
- Iluminación de emergencia en pasillos y escaleras.
- Planos y carteles visibles indicando las rutas de evacuación.
- Extintores y sistemas de protección contra incendios correctamente distribuidos y en buen estado.

Dentro de este punto, no podemos obviar si el objetivo del plan de evacuación es desalojar el local parcial o totalmente:

Evacuación parcial
- Cada trabajador se dirigirá, sin correr y en grupo, hacia los puntos de reunión establecidos, siempre por las vías de evacuación señalizadas. Cuando se llegue al destino final, cada uno se identificará ante los responsables para que puedan contabilizar a los evacuados.

Evacuación total
- Cada trabajador se dirigirá, sin correr y en grupo, y por las vías señalizadas, hacia el punto de reunión en el exterior del recinto.

Al igual que anteriormente, cuando se llegue al destino final, cada trabajador debe identificarse para que el recuento de personas sea fácil.

Organización, recursos y procedimientos

La importancia de que un local posea un plan de evacuación es enorme, pero si este no es efectivo de nada sirve. Por ello, el plan de evacuación recogerá documentos relativos a la organización, los recursos utilizados y los procedimientos que llevar a cabo.

La organización se lleva a cabo a través de una brigada de emergencia. Dentro de esta brigada, los encargados de actuar en caso de evacuación son los trabajadores que forman el equipo de alarma y evacuación (EAE).

Por regla general, debe haber un componente del equipo de alarma y evacuación en los accesos a puertas, escaleras, ascensores..., es decir, en zonas a las cuales no se debe acceder en caso de emergencia.

Plan de evacuación

Plan de evacuación en el que se indica la ubicación de los extintores y las salidas de emergencia

Por su parte, los recursos son aquellos materiales y medios con los que cuenta la empresa para evacuar correctamente. Los principales recursos son la señalización del lugar, los planos y las alarmas. Todos ellos deben aparecer en los centros de trabajo que, por sus características y riesgos existentes, hagan necesario un plan de evacuación.

Por último, hay que hablar de los procedimientos, ya que, ante la posibilidad de evacuar un local de trabajo, se requerirán adecuados procedimientos de actuación. Estos procedimientos, llevados a cabo por el equipo de alarma y evacuación (EAE), deben ser:

8. Plan de autoprotección

El plan de autoprotección constituye el documento de referencia que integra todas las medidas y los procedimientos destinados a prevenir y controlar los riesgos que puedan presentarse en un centro de trabajo, así como a organizar la respuesta ante emergencias. Se trata de una herramienta esencial de la gestión preventiva, ya que permite actuar con eficacia en situaciones críticas, minimizando las consecuencias tanto para las personas como para los bienes materiales y el entorno.

Este plan es de carácter obligatorio en determinados sectores y actividades de especial riesgo, pero también se recomienda en cualquier organización como instrumento de seguridad integral.

8.1. Objetivos del plan de autoprotección

Todo plan de autoprotección persigue como finalidad principal proteger la vida, la integridad física y la salud de las personas que se encuentren en el centro de trabajo. No obstante, también incluye objetivos secundarios relacionados con la protección de bienes, la continuidad de la actividad y la coordinación con los servicios públicos de emergencia.

Entre los objetivos más destacados se encuentran:

- Identificar de forma sistemática los riesgos presentes en la empresa.
- Establecer la organización interna para la gestión de emergencias.
- Definir los protocolos de actuación ante diferentes escenarios de riesgo.
- Garantizar la comunicación eficaz con los servicios externos de emergencia.
- Fomentar la formación y la participación de los trabajadores en la autoprotección.

8.2. Contenido mínimo del plan de autoprotección

El plan debe elaborarse siguiendo una estructura homogénea que facilite su comprensión y su aplicación. Aunque puede variar en función del sector y de los riesgos específicos, generalmente incluye los siguientes apartados:

- **Identificación y evaluación de riesgos.** Análisis de las amenazas que pueden afectar a la empresa (incendios, explosiones, fugas tóxicas, inundaciones, etc.).
- **Medios de protección existentes.** Inventario de instalaciones y recursos disponibles, como extintores, bocas de incendio, alarmas, salidas de emergencia o sistemas de detección automática.
- **Organización de la autoprotección.** Definición de responsables, equipos de emergencia, funciones y jerarquía de mando.
- **Procedimientos de actuación.** Protocolos detallados para la prevención, la alerta, la evacuación, el confinamiento o la intervención inicial.
- **Plan de información y formación.** Programas de capacitación dirigidos a trabajadores y responsables de emergencias.
- **Mantenimiento y actualización.** Medidas para garantizar que el plan esté siempre vigente y operativo.

8.3. Organización interna de la autoprotección

Un aspecto esencial del plan es la organización de los recursos humanos. La empresa debe designar a las personas que formarán parte de los equipos de emergencia, asignándoles funciones específicas como detección, alarma, primeros auxilios, extinción de incendios y evacuación.

Esta organización debe estar claramente definida en un organigrama jerárquico en el que figure quién asume la dirección de la emergencia, quién coordina a cada equipo y cómo se garantiza la comunicación entre todos los niveles. La existencia de responsables formados y entrenados evita la improvisación y permite actuar con eficacia ante situaciones críticas.

8.4. Coordinación con los servicios externos

Ningún plan de autoprotección es completo si no contempla la coordinación con los servicios públicos de emergencia (bomberos, protección civil, policía, emergencias médicas, etc.). Esta coordinación se consigue a través de convenios, simulacros conjuntos y la transmisión de información precisa en caso de accidente.

La rapidez con la que se avise a estos organismos, la claridad en la descripción del incidente y el conocimiento de los accesos y los recursos de la empresa son elementos que facilitan su intervención y reducen las consecuencias de la emergencia.

8.5. Simulacros y actualización del plan

El plan de autoprotección no es un documento estático. Requiere de una revisión periódica para adaptarlo a los cambios en la empresa (nuevas instalaciones, modificaciones en los procesos de trabajo, incorporación de riesgos adicionales).

Asimismo, resulta indispensable realizar simulacros periódicos que permitan evaluar el grado de preparación de los trabajadores y la eficacia de los procedimientos. Estos ensayos no solo sirven para detectar fallos y corregirlos, sino también para reforzar la confianza y la coordinación entre los equipos de emergencia internos y externos.

 IMPORTANTE

El plan de autoprotección no solo es una exigencia legal en muchas actividades, sino también una muestra del compromiso de la empresa con la seguridad y la cultura preventiva. Su correcta implantación puede marcar la diferencia entre una emergencia controlada y un desastre con graves consecuencias.

9. Resumen

Los primeros auxilios se entienden como el conjunto de medidas inmediatas que se aplican a una persona accidentada con el fin de evitar el agravamiento de sus lesiones hasta la llegada de la ayuda especializada. Su finalidad no es sustituir al personal sanitario, sino preservar la vida, reducir el dolor y evitar las posibles complicaciones.

Los principios generales de actuación se basan en mantener la calma para actuar con seguridad, evitar las aglomeraciones que dificulten la atención, no movilizar al accidentado salvo necesidad urgente y observar el lugar del accidente para priorizar a los heridos según su gravedad.

El protocolo PAS (proteger, avisar, socorrer) constituye la regla básica de los primeros auxilios. Se centra en proteger al accidentado y al socorrista de nuevos riesgos, avisar con rapidez a los servicios de emergencia, transmitiendo la información de forma clara, y socorrer al herido aplicando técnicas iniciales de valoración y atención. Este protocolo asegura un orden lógico en la intervención.

La organización del personal en las emergencias contempla distintos roles: los testigos ordinarios, que carecen de formación; los privilegiados, que pueden aportar información útil; y los profesionales, que poseen entrenamiento para intervenir. Además, destacan figuras como el telefonista, encargado de contactar con los servicios de emergencia, y el socorrista laboral, capacitado para ofrecer ayuda inmediata en el centro de trabajo.

La evaluación primaria del accidentado se centra en tres aspectos: conciencia, respiración y pulso. Estos parámetros permiten decidir si es necesario aplicar técnicas de reanimación, como la respiración artificial o el masaje cardíaco. En este sentido, la reanimación cardiopulmonar (RCP) basada en el procedimiento CAB *(Circulation, Airway, Breathing)* es esencial para mantener el flujo sanguíneo y la oxigenación en casos de paro cardiorrespiratorio.

Las emergencias médicas más frecuentes en el trabajo incluyen contusiones, fracturas, quemaduras, infecciones, congelaciones, heridas, hemorragias, luxaciones, *shock* traumático, insolación, descargas eléctricas o cuerpos extraños en los ojos. Cada una de ellas requiere un procedimiento específico de actuación que busca aliviar el dolor, evitar complicaciones y preservar la vida hasta la llegada de asistencia sanitaria.

La actuación en las situaciones de emergencia y evacuación responde a los principios de rapidez, orden, seguridad y comunicación eficaz. Los planes de emergencia, evacuación y autoprotección son documentos clave que establecen los protocolos, las responsabilidades, los recursos y la coordinación con los servicios externos. Su implantación debe reforzarse mediante simulacros periódicos, lo que permite comprobar la eficacia de los procedimientos y consolidar la cultura preventiva en la empresa.

Ejercicios de autoevaluación
Unidad de Aprendizaje 4

1. ¿Cuál es el objetivo principal de los primeros auxilios?

    a. Sustituir al médico.
    b. Evitar el empeoramiento del accidentado.
    c. Administrar medicamentos.
    d. Trasladar al herido inmediatamente.

2. ¿Qué actitud debe mantener quien presta primeros auxilios?

    a. Nerviosismo.
    b. Indiferencia.
    c. Tranquilidad.
    d. Impulsividad.

3. ¿Qué significa la P del protocolo PAS?

    a. Precaución.
    b. Proteger.
    c. Priorizar.
    d. Prevenir.

4. ¿Qué se comprueba primero al socorrer al accidentado?

    a. Estado de conciencia.
    b. Pulso.
    c. Color de la piel.
    d. Hemorragias.

5. ¿Qué maniobra abre las vías respiratorias en un accidentado sin lesiones cervicales?

    a. Tracción mandibular.
    b. Hiperextensión del cuello.
    c. Masaje cardíaco.
    d. Colocar en decúbito lateral.

6. ¿Qué grado de quemadura destruye tejidos y puede generar zonas muertas?

    a. Primer grado.
    b. Segundo grado.
    c. Tercer grado.
    d. Superficial.

7. ¿Qué tipo de hemorragia se produce al romperse un vaso sanguíneo dentro del cuerpo?

    a. Externa.
    b. Interna.
    c. Capilar.
    d. Venosa.

8. ¿Qué orden establece el procedimiento RCP-CAB?

    a. *Airway – Circulation – Breathing.*
    b. *Circulation – Airway – Breathing.*
    c. *Breathing – Airway – Circulation.*
    d. *Circulation – Breathing – Airway.*

9. ¿Qué frecuencia de compresiones torácicas se recomienda en adultos durante la RCP?

    a. 60 por minuto.
    b. 80 por minuto.
    c. 100-120 por minuto.
    d. Más de 150 por minuto.

10. ¿Qué equipo dirige el proceso de desalojo en una evacuación laboral?

    a. Delegados sindicales.
    b. Equipo de alarma y evacuación.
    c. Testigos ordinarios.
    d. Dirección de Recursos Humanos.

Riesgos específicos y su prevención en el sector sanitario

Contenido

Objetivos

El objetivo general de esta Unidad de Aprendizaje es:

→ Describir los principales riesgos propios del sector y, en concreto, aquellos riesgos específicos más importantes.

Los objetivos específicos de esta Unidad de Aprendizaje son:

→ Identificar los riesgos laborales y ambientales propios del sector sanitario, considerando a los profesionales y a los pacientes.
→ Aplicar las medidas preventivas técnicas, organizativas y de protección, ajustadas a cada puesto de trabajo sanitario.
→ Fomentar la cultura de seguridad y la responsabilidad compartida en los hospitales, los centros de salud y otros entornos asistenciales.
→ Establecer protocolos eficaces de actuación ante emergencias y accidentes, reduciendo los impactos sobre la salud y el medioambiente.
→ Seleccionar el EPI adecuado según el tipo de riesgo presente en distintas situaciones del entorno sanitario.

1. Introducción

El sector sanitario constituye uno de los ámbitos laborales más sensibles en materia de prevención de riesgos, ya que combina la atención directa a la salud de las personas con la exposición a múltiples factores de riesgo. En los hospitales, los centros de salud, los laboratorios clínicos y los servicios de emergencias, los trabajadores se enfrentan diariamente a unas condiciones de trabajo que pueden afectar tanto a su seguridad como a la de los pacientes y acompañantes.

La naturaleza del trabajo sanitario implica la manipulación de productos biológicos, químicos y farmacológicos, así como la utilización de equipos técnicos de alta complejidad. A ello se suman los riesgos asociados al ritmo de trabajo, a la presión emocional, a las largas jornadas y a la necesidad de actuar con rapidez en las situaciones de emergencia. Estos factores convierten la prevención en este sector en una herramienta imprescindible para garantizar un entorno seguro y saludable.

2. Importancia de la prevención en el entorno sanitario y ambiental

La prevención en el sector sanitario es clave para proteger al personal y asegurar una atención de calidad. La exposición a los riesgos sin protección no solo compromete la salud del trabajador, sino que también puede afectar a los pacientes. Por tanto, es fundamental promover una cultura preventiva en todos los niveles del entorno sanitario. Los centros de salud deben controlar estrictamente la seguridad, desde evitar infecciones hasta manipular correctamente los equipos y las sustancias peligrosas. Además, una adecuada gestión de residuos protege el ambiente y refuerza la prevención sanitaria.

 IMPORTANTE

La prevención en el ámbito sanitario no debe considerarse como una obligación añadida, sino como un componente integral de la asistencia, que protege la salud del trabajador, preserva la seguridad del paciente y contribuye al desarrollo sostenible del sistema sanitario.

2.1. Principios de la acción preventiva

La acción preventiva en el sector sanitario se basa en los principios normativos de la prevención de riesgos adaptados a los entornos asistenciales. Estos principios guían las medidas de seguridad y ayudan a priorizar la gestión de los riesgos para proteger a los trabajadores, a los pacientes y a los visitantes. La prevención debe planificarse de forma integral y coordinada, considerando la exposición constante a los agentes biológicos y químicos, los equipos y las personas vulnerables.

Los principios de la acción preventiva en este sector se basan en:

- **Evitar los riesgos.** Diseñar procedimientos que eliminen en lo posible la exposición a los agentes peligrosos (ej.: vacunación, esterilización, automatización de procesos).
- **Evaluar los riesgos que no se puedan evitar.** Identificar, medir y clasificar los riesgos biológicos, químicos, físicos y psicosociales presentes en el entorno sanitario.
- **Combatir los riesgos en su origen.** Aplicar medidas técnicas como sistemas de ventilación, aislamiento de pacientes infecciosos o equipos de contención biológica.
- **Adaptar el trabajo a la persona.** Considerar la ergonomía en la manipulación de los pacientes y los equipos médicos, evitando los sobreesfuerzos.
- **Tener en cuenta la evolución de la técnica.** Incorporar las nuevas tecnologías (ej.: sistemas de monitorización, esterilización avanzada) para reducir la exposición a los riesgos.
- **Planificar la prevención.** Integrar la seguridad en todas las actividades y los niveles de la organización sanitaria, evitando las medidas improvisadas.
- **Priorizar la protección colectiva sobre la individual.** Fomentar los sistemas de aislamiento, ventilación y protocolos generales antes de depender únicamente del uso de EPI.
- **Dar las debidas instrucciones a los trabajadores.** Garantizar la formación continua y actualizada sobre los riesgos y las medidas preventivas.

 SABÍAS QUE...

La vacunación frente a la hepatitis B, la gripe o el COVID-19 es considerada una de las medidas preventivas más efectivas en el ámbito sanitario, ya que protege simultáneamente a trabajadores y pacientes.

3. Identificación de los riesgos específicos del sector sanitario

El entorno sanitario presenta diversos riesgos debidos a la interacción entre los pacientes, los profesionales, los equipos, los productos químicos y los agentes biológicos. Esto afecta tanto a los trabajadores como a los pacientes y a la calidad del servicio. Identificar los riesgos de manera temprana es clave para establecer unas estrategias preventivas eficaces, un proceso que debe ser sistemático y adaptarse a los cambios propios del sector.

Dentro de este sector, los riesgos pueden clasificarse en:

Riesgos ligados a las condiciones de seguridad	- Asociados al uso de los equipos médicos, las instalaciones eléctricas, los gases medicinales y las situaciones de emergencia.
Riesgos ligados al medioambiente de trabajo y factores organizativos	- Relacionados con la calidad del aire, la iluminación, el ruido, la carga de trabajo y la organización de los turnos.
Otros riesgos específicos	- Como los ergonómicos (manipulación de pacientes y equipos pesados) y los psicosociales (estrés, desgaste emocional y violencia en el trabajo).

La complejidad de los entornos sanitarios hace que cada puesto de trabajo presente un perfil de riesgo diferenciado. Por ello, es esencial que la identificación se realice teniendo en cuenta el contexto general del centro de salud u hospital y las funciones particulares de cada trabajador.

3.1. Ligados a las condiciones de seguridad

En el sector sanitario, la seguridad depende del diseño de las instalaciones, el uso correcto de los equipos, la gestión de las sustancias peligrosas y la organización de los espacios. Cualquier fallo puede poner en peligro tanto a los trabajadores como a los pacientes. Para controlar los riesgos, se requieren protocolos claros, equipos adecuados y formación continua para el personal.

Los principales riesgos ligados a las condiciones de seguridad son:

Riesgo eléctrico	- Derivado del uso de los equipos médicos y los sistemas de soporte vital conectados a la red eléctrica.
Uso de gases medicinales y anestésicos	- Posibles fugas o un almacenamiento inadecuado que pueden provocar incendios, explosiones o intoxicaciones.
Incendios y explosiones	- En los laboratorios, las farmacias hospitalarias o las áreas con productos inflamables.
Caídas al mismo o a distinto nivel	- Debido a los suelos resbaladizos, las rampas o las escaleras en los hospitales y los centros de salud.
Atrapamientos y cortes	- En el manejo de los equipos médicos, las camillas y los sistemas automatizados.
Espacios confinados y áreas restringidas	- Salas de calderas, instalaciones técnicas o depósitos de gases.
Emergencias internas y externas	- Evacuaciones por incendios, amenazas externas o accidentes masivos que ponen a prueba la seguridad hospitalaria.

Los profesionales sanitarios deben protegerse contra los agentes biológicos de los pacientes, ya que están en constante contacto con el ambiente contaminado.

RECUERDA

La seguridad en el sector sanitario no depende solo de la tecnología, sino también de la organización de los espacios y la cultura preventiva del personal. Una correcta señalización, el mantenimiento periódico de los equipos y la preparación ante las emergencias son medidas esenciales.

3.2. Ligados al medioambiente de trabajo y organizativos en el sector sanitario

Las condiciones del entorno laboral en el sector sanitario afectan directamente a la salud y al rendimiento de los profesionales. Factores como el ruido, una mala iluminación, la ventilación deficiente, las temperaturas extremas, los turnos y la presión asistencial generan riesgos y desgaste físico y emocional. Además, los turnos rotativos, las guardias largas y la sobrecarga aumentan el estrés y la fatiga, afectando tanto a la seguridad como a la calidad del servicio.

Factores ambientales

El entorno hospitalario influye en la seguridad de los pacientes y del personal. Factores como la iluminación, el ruido, la ventilación y la temperatura son claves para una atención segura. La exposición a las radiaciones en las áreas de diagnóstico y tratamiento supone riesgos que exigen medidas preventivas estrictas, ya que una mala gestión aumenta la vulnerabilidad en los entornos críticos.

Entre los factores ambientales más habituales se pueden encontrar:

Iluminación - Iluminación deficiente en los quirófanos, las zonas de urgencias o las áreas de hospitalización que favorece los errores asistenciales.

Ruido - Niveles elevados de ruido debido a los equipos médicos, las alarmas y a la propia actividad hospitalaria continua.

Continúa en página siguiente >>

‹‹ Viene de página anterior

Temperatura	- Condiciones térmicas inadecuadas en las salas de esterilización, las lavanderías o los quirófanos.
Temperatura	- Ventilación insuficiente que facilita la propagación de los agentes biológicos y contaminantes.
Radiaciones	- Exposición a radiaciones ionizantes y no ionizantes en el diagnóstico por imagen o radioterapia.

 RECUERDA

En el sector sanitario, los factores ambientales y organizativos no solo influyen en la salud de los trabajadores, sino que también impactan directamente en la seguridad de los pacientes. Una correcta iluminación, una ventilación adecuada y una organización equilibrada de los turnos son tan importantes como el uso de los equipos de protección personal.

Factores organizativos

La organización del trabajo sanitario influye directamente en la salud del personal y en la calidad de la atención. La estructura de los turnos, la carga de trabajo y los recursos disponibles afectan a los equipos y a los pacientes. Una mala planificación aumenta los errores y el desgaste. Para prevenir, es clave gestionar bien los recursos humanos y materiales, y coordinar adecuadamente los servicios.

Los principales factores organizativos que se deben controlar se relacionan con:

Turnos	- Sobrecarga asistencial en los períodos de alta demanda, como epidemias o emergencias colectivas.
Sobrecarga	- Sobrecarga asistencial en los períodos de alta demanda, como epidemias o emergencias colectivas.
Falta de recursos	- Falta de personal o recursos materiales, lo que incrementa la presión sobre los equipos sanitarios.
Presión	- Trabajo bajo presión emocional al atender a pacientes graves o en situaciones críticas.
Coordinación	- Coordinación deficiente entre los servicios, que retrasa la respuesta en caso de emergencia.

NOTA

La fatiga acumulada por turnos rotativos y nocturnos en el sector sanitario se asocia a un mayor riesgo de cometer errores médicos, lo que convierte la gestión organizativa en un pilar fundamental de la prevención.

- -

APLICACIÓN PRÁCTICA

En el Servicio de Urgencias del Hospital Central, el equipo de enfermería está atendiendo a un incremento repentino de pacientes debido a un accidente múltiple ocurrido en una carretera cercana.

Durante el turno de noche, el personal se enfrenta a la sobrecarga de trabajo debido al accidente y a la falta de material sanitario, ya que no se han repuesto correctamente los materiales al finalizar el turno anterior.

Durante la jornada se les presentan varias complicaciones:

Continúa en página siguiente >>

[193]

<< Viene de página anterior

a. El cambio de turno anterior no dejó registradas varias incidencias, por lo que no existe una actualización completa del estado de los pacientes críticos.

b. Dos enfermeros deben atender simultáneamente las urgencias traumatológicas y la sala de observación, lo que dificulta la coordinación y aumenta el riesgo de error.

c. La presión por mantener la continuidad asistencial lleva a algunos profesionales a improvisar procedimientos sin verificar los protocolos o sin el apoyo del personal médico.

Ante esta situación, la supervisora de enfermería debe decidir si mantener la atención en las condiciones actuales para no retrasar la asistencia o detener temporalmente las intervenciones no urgentes hasta restablecer los recursos y reorganizar los equipos.

¿Cuál es la decisión más adecuada que debe tomar la supervisora en este contexto?

Solución

En las situaciones de sobrecarga asistencial y falta de recursos, la prioridad debe ser mantener la seguridad del paciente y del personal sanitario.

La presión por la continuidad del servicio no debe llevar a decisiones precipitadas ni a la omisión de los protocolos.

La opción más adecuada es reorganizar los recursos disponibles, reducir la carga inmediata atendiendo únicamente a los casos críticos y restablecer la coordinación entre los turnos para garantizar una atención segura, eficaz y conforme a los estándares de calidad asistencial.

3.3. Distinción de otros riesgos (ergonómicos y psicosociales)

En el sector sanitario, además de los riesgos físicos, químicos y biológicos, existen otros riesgos ergonómicos y psicosociales que afectan a la salud y al bienestar del personal. Los ergonómicos están ligados a la manipulación de los pacientes y los equipos, las posturas incómodas y los movimientos repetitivos; los psicosociales, a la carga emocional, la presión asistencial y los turnos extensos.

Riesgos ergonómicos en el sector sanitario

El personal sanitario se enfrenta a riesgos físicos por la atención directa y el uso de los equipos médicos, lo que puede provocar trastornos musculoesqueléticos si no se usan las correspondientes medidas preventivas. Además, las tareas repetitivas, las posturas prolongadas y las exigencias de los quirófanos, los laboratorios o las áreas de diagnóstico incrementan el riesgo para su salud.

Los riesgos ergonómicos habitualmente se relacionan con:

Manipulación	- Manipulación manual de pacientes durante los traslados, las movilizaciones o los cambios posturales.
Posturas	- Posturas forzadas y mantenidas durante las intervenciones quirúrgicas o los trabajos en espacios reducidos.
Movimientos	- Movimientos repetitivos en las labores de enfermería, la preparación de medicación o las técnicas de laboratorio.
Manejo	- Manejo de equipos pesados como camillas, respiradores o aparatos de diagnóstico que requieren esfuerzo físico.

Riesgos psicosociales en el sector sanitario

El personal sanitario trabaja bajo presión, con una alta exigencia emocional y cognitiva. El estrés aumenta en situaciones críticas, y el contacto continuo con el sufrimiento puede causar desgaste emocional y *burnout*. Los turnos y los horarios dificultan la conciliación personal y laboral, elevando el riesgo psicosocial.

Los factores psicosociales en el sector sanitario guardan relación con:

Estrés	- Estrés laboral derivado de la alta presión asistencial y la toma de decisiones rápidas.
Desgaste	- Desgaste emocional por la atención continua a pacientes en estado crítico o terminal.
Violencia	- Violencia externa en forma de agresiones verbales o físicas de los pacientes o sus familiares.
Sobrecarga	- Síndrome de *burnout* o desgaste profesional por sobrecarga prolongada.
Desequilibrio	- Desequilibrio entre la vida laboral y personal debido a los turnos rotativos, nocturnos y las guardias.

IMPORTANTE

En el ámbito sanitario, los riesgos ergonómicos y psicosociales son causas frecuentes de bajas laborales prolongadas, lo que los convierte en un eje prioritario de la prevención, al mismo nivel que los riesgos biológicos o químicos.

4. Aplicación de medidas preventivas específicas del sector sanitario

La prevención en el sector sanitario debe centrarse en el control de los riesgos biológicos, químicos, físicos y organizativos, abarcando a los trabajadores, los pacientes y los acompañantes. Es fundamental priorizar la protección colectiva e implementar las medidas individuales cuando sea necesario. Aplicar correctamente estas medidas en hospitales y laboratorios reduce los accidentes y los contagios, y mejora la calidad del servicio, cubriendo aspectos técnicos, organizativos, ambientales y psicosociales según cada puesto de trabajo.

RECUERDA

En el sector sanitario, la prevención no solo protege a los trabajadores, sino que también constituye una garantía de seguridad para los pacientes, reforzando la confianza en el sistema de salud.

4.1. Medidas técnicas

Las medidas técnicas son esenciales para prevenir los riesgos sanitarios, ya que reducen o eliminan la exposición a los agentes peligrosos en los hospitales, los centros de salud y los laboratorios. Deben integrarse sistemáticamente en los procesos asistenciales para proteger tanto al personal como a los pacientes. Estos controles, como la ventilación, la esterilización y la monitorización, minimizan los accidentes y mantienen los entornos seguros, mejorando así la calidad de la atención médica.

Las principales medidas técnicas trabajan sobre:

- **Sistemas de ventilación.** Sistemas de ventilación y extracción localizada en quirófanos, salas de aislamiento y laboratorios para evitar la propagación de los contaminantes.
- **Cabinas de seguridad.** Cabinas de seguridad biológica y vitrinas de gases para la manipulación segura de las muestras infecciosas y los productos químicos.
- **Equipos de esterilización.** Equipos de esterilización y desinfección (autoclaves, sistemas UV, desinfectantes de alto nivel).
- **Sistemas de contención.** Sistemas de contención de residuos biológicos y químicos mediante contenedores homologados y señalizados.
- **Alarmas y dispositivos.** Alarmas y dispositivos de monitorización para el control de los gases medicinales, el oxígeno y los equipos críticos de soporte vital.
- **Equipos de protección.** Equipos de protección contra las radiaciones como blindajes plomados, cabinas de radiología y sistemas de control de dosis personal.
- **Automatización de procesos.** Automatización de los procesos de análisis y diagnóstico que reducen la exposición directa del personal a las muestras contaminantes.
- **Sistemas de seguridad.** Sistemas de seguridad en los equipos eléctricos y electromédicos para prevenir la electrocución o los fallos en los equipos de soporte vital.

IMPORTANTE

Las medidas técnicas deben estar siempre respaldadas por un mantenimiento preventivo y correctivo periódico, ya que un fallo en los sistemas de ventilación, esterilización o monitorización puede comprometer gravemente la seguridad de los trabajadores y los pacientes.

4.2. Medidas organizativas

Las medidas organizativas en los centros sanitarios ayudan a prevenir los riesgos y a asegurar la seguridad asistencial. No dependen solo de la tecnología, sino de una buena planificación y supervisión que disminuya los errores, evite las sobrecargas y mejore la coordinación. La definición de unos protocolos claros, la asignación adecuada de los turnos y las tareas, y una gestión preventiva permiten responder mejor a las emergencias y optimizan los recursos para lograr unos entornos hospitalarios seguros y sostenibles.

Las principales medidas organizativas en el sector se refieren a:

- **Protocolos.** Protocolos normalizados de trabajo para la manipulación de las muestras, la administración de los fármacos y el uso de los equipos médicos.
- **Planificación.** Planificación de los turnos y los descansos con una organización equilibrada de horarios y guardias.
- **Asignación.** Asignación clara de responsabilidades para evitar la duplicidad de funciones y garantizar la disposición de personal capacitado.
- **Formación.** Formación continua del personal en los riesgos emergentes, las nuevas tecnologías y los protocolos de seguridad.
- **Control.** Control del acceso a las áreas críticas (quirófanos, laboratorios, salas de aislamiento) limitado exclusivamente al personal autorizado.
- **Sistemas de trazabilidad.** Sistemas de trazabilidad para registrar los fármacos, las muestras y los residuos peligrosos de forma segura.
- **Simulacros.** Simulacros de emergencia periódicos ante los incidentes biológicos, químicos o de seguridad general.
- **Supervisión y auditorías.** Realización y supervisión de auditorías internas para evaluar las medidas preventivas y corregir las posibles desviaciones.

RECUERDA

Una organización eficaz en el sector sanitario, además de prevenir los accidentes, también mejora la calidad asistencial y refuerza la confianza de los pacientes en el sistema de salud.

4.3. Medidas ambientales

Las medidas ambientales tratan de asegurar unos entornos laborales seguros y sostenibles en los hospitales, reduciendo la exposición a los contaminantes físicos, químicos y biológicos. El control del aire, la gestión de los residuos y el mantenimiento adecuado protegen la salud y minimizan el impacto ambiental. La gestión ambiental es clave para prevenir la contaminación debida a los residuos, mejorar la seguridad y evitar las infecciones, lo que garantiza la sostenibilidad del sistema sanitario.

Las principales medidas ambientales en el sector sanitario trabajan sobre los siguientes ámbitos:

- **Ventilación.** Ventilación adecuada y sistemas de filtración de aire (HEPA) en quirófanos, salas de aislamiento y laboratorios.
- **Control de temperatura.** Control de temperatura y humedad relativa en las áreas críticas para evitar la proliferación de los microorganismos.
- **Gestión de residuos.** Gestión segura de los residuos hospitalarios mediante la clasificación, el almacenamiento y la eliminación diferenciada de los residuos biológicos, químicos, farmacéuticos y radiactivos.
- **Limpieza y desinfección.** Protocolos de limpieza y desinfección periódica en las áreas asistenciales y de uso común.
- **Uso de sustancias contaminantes.** Reducción del uso de sustancias contaminantes sustituyendo los productos peligrosos por otras alternativas menos nocivas.
- **Control de emisiones.** Control de las emisiones y los vertidos garantizando el cumplimiento de la normativa ambiental vigente.
- **Zonas de almacenamiento.** Establecimiento de zonas de almacenamiento seguras para los medicamentos, los gases medicinales y los productos químicos, con una ventilación y una señalización adecuadas.
- **Programas de eficiencia.** Programas de eficiencia energética y sostenibilidad que reduzcan el impacto ambiental de las instalaciones sanitarias.

IMPORTANTE

En el sector sanitario, las medidas ambientales tienen un doble impacto positivo: protegen la salud de los trabajadores y los pacientes, y contribuyen a la sostenibilidad del sistema de salud reduciendo la huella ecológica de los hospitales y los centros asistenciales.

- -

4.4. Protección colectiva

La protección colectiva es la principal barrera frente a los riesgos laborales, ya que actúa sobre el entorno y los procesos, protegiendo simultáneamente a los trabajadores, a los pacientes y a los visitantes. Priorizarla sobre la protección individual reduce los accidentes, los contagios y las exposiciones, lo que refuerza la seguridad asistencial. Estas medidas, imprescindibles en las instalaciones sanitarias, incluyen la ventilación, el aislamiento, la filtración y la contención en áreas críticas como quirófanos, salas de aislamiento y laboratorios, minimizando la exposición a los riesgos y mejorando la respuesta ante las emergencias.

Las principales medidas de protección colectiva son:

- **Sistemas de ventilación:** filtración y presión negativa o positiva en las salas de aislamiento y en los quirófanos para evitar la propagación de los microorganismos.
- **Cabinas de bioseguridad:** vitrinas extractoras para manipular los agentes infecciosos y las sustancias químicas sin tener una exposición directa.
- **Dispositivos de seguridad:** en los equipos médicos (alarmas, sistemas de bloqueo, válvulas de seguridad).
- **Contenedores específicos:** para los residuos punzantes y biológicos ubicados en lugares accesibles y seguros.
- **Señalización de riesgos:** las zonas restringidas mediante el empleo de carteles visibles y sistemas de alarma acústicos o luminosos.
- **Protecciones físicas:** barreras arquitectónicas como mamparas, esclusas y separadores en las áreas críticas.
- **Sistemas automáticos:** de detección y extinción de incendios adaptados a los materiales inflamables y a los gases medicinales.
- **Protocolos colectivos:** de limpieza y desinfección aplicados de manera sistemática en todas las áreas de atención.

RECUERDA

Las medidas de protección colectiva son más eficaces y sostenibles que las individuales, ya que reducen el riesgo en origen y benefician a todos los ocupantes del entorno sanitario, incluidos los pacientes y los visitantes.

Los contenedores amarillos de recogida de muestras son equipos de protección colectiva que, para su eliminación, se deben incinerar para evitar contagios.

4.5. Protección individual (equipos de protección individual)

Los equipos de protección individual (EPI) son esenciales en el sector sanitario para minimizar los riesgos que no pueden evitarse con otras medidas. Son clave frente a los riesgos biológicos, químicos, físicos y radiológicos, actuando como última barrera entre el personal y los riesgos. Es fundamental elegir, ajustar y mantener adecuadamente los EPI, así como recibir formación específica para su uso correcto.

Los principales equipos de protección individual utilizados en el sector sanitario son:

- **Guantes:** desechables o de protección específica frente a los riesgos biológicos, químicos o radiológicos.
- **Mascarillas:** quirúrgicas y respiradores (FFP2, FFP3) para evitar los contagios por aerosoles y partículas infecciosas.

- **Batas y pijamas:** ropa de protección impermeables o resistentes a los fluidos según el grado de exposición.
- **Gafas y pantallas:** para proteger contra las salpicaduras de los fluidos biológicos o químicos.
- **Calzado:** sanitario cerrado y antideslizante que previene las caídas y protege frente a los objetos punzantes.
- **Protección auditiva:** en las áreas con ruidos elevados como las centrales de esterilización o los sistemas de mantenimiento.
- **Delantales:** plomados y dosímetros personales en las zonas de radiología y medicina nuclear.
- **Gorros y cubrezapatos:** desechables para evitar la contaminación cruzada en los quirófanos y en las áreas críticas.

 IMPORTANTE

El uso de los EPI en el sector sanitario solo es eficaz si va acompañado de una formación adecuada, una colocación y una retirada correctas, y una gestión segura de los equipos desechables para evitar las contaminaciones secundarias.

![Imagen de una paciente con delantal plomado en una máquina de rayos X]

Los delantales plomados protegen contra las radiaciones, motivo por el que se usa en los casos en los que sea necesario utilizar una máquina de rayos X.

TAREA 5

El Centro de Salud Nueva Esperanza ha detectado que algunos trabajadores no están utilizando correctamente los equipos de protección individual. Como parte del equipo de prevención, debes ayudar a identificar qué EPI corresponde a cada situación para garantizar la seguridad del personal sanitario.

Lee los siguientes casos y completa las preguntas planteadas.

a. Área de curas. Una enfermera va a realizar una cura a un paciente con una herida abierta y riesgo de contacto con sangre. ¿Qué riesgos existen?, ¿qué EPI debe utilizar?
b. Laboratorio. Un técnico manipula muestras biológicas y productos químicos para su análisis. ¿Qué riesgos hay?, ¿qué EPI serían los adecuados?
c. Servicio de rayos X. Un técnico debe permanecer junto al paciente mientras se le realiza una radiografía portátil. ¿Qué tipo de riesgo tiene?, ¿qué EPI necesita usar?
d. Área de limpieza hospitalaria. Una limpiadora desinfecta una habitación con productos que contienen cloro. ¿Qué riesgo presenta esta tarea?, ¿qué EPI debe emplear?

5. Normativa aplicable en materia de prevención en el sector sanitario

El marco normativo en materia de prevención en el sector sanitario es amplio y complejo, ya que combina la legislación general en prevención de riesgos laborales con la normativa específica relacionada con la bioseguridad, la gestión de los residuos, el uso de productos químicos y la protección de los trabajadores frente a los agentes biológicos y las radiaciones.

El cumplimiento de esta normativa, además de ser una obligación legal, también es una condición imprescindible para garantizar la seguridad de los trabajadores, la calidad asistencial de los pacientes y la protección del medioambiente.

5.1. Legislación nacional

En España, la prevención de riesgos en el sector sanitario se regula mediante la normativa general de seguridad y salud en el trabajo, complementada por las disposiciones específicas que afectan directamente a la exposición a los agentes biológicos y químicos, las radiaciones, los residuos sanitarios y los equipos médicos. Esta normativa establece las obligaciones de los empresarios y los trabajadores, así como las medidas de protección que deben adoptarse en los hospitales, los centros de salud, los laboratorios y otros entornos asistenciales.

 RECUERDA

La normativa española en materia de prevención de riesgos laborales establece el marco jurídico esencial para garantizar la seguridad y la salud de los trabajadores en cualquier sector, incluido el sanitario. Estas disposiciones fijan los derechos y las obligaciones tanto de empleadores como de trabajadores, así como la organización preventiva necesaria en las empresas.

El cumplimiento de esta legislación constituye la base de toda la estrategia de seguridad laboral, asegurando la integración de la prevención en la gestión diaria y estableciendo los procedimientos de control, evaluación y mejora continua en los entornos de trabajo.

Las principales normativas españolas relacionadas con el sector sanitario que guardan relación con la prevención de los riesgos laborales en el sector son:

- Ley 14/1986. Normativa española que regula el derecho a la protección de la salud, estableciendo el marco del Sistema Nacional de Salud.
- Ley 31/1995. Norma fundamental que regula los derechos y los deberes en materia de seguridad y salud laboral.
- Real Decreto 1085/2009. Regula las instalaciones nucleares y radiactivas en el ámbito sanitario.
- Real Decreto 1591/2009. Establece las disposiciones sobre los productos sanitarios, actualizado posteriormente por normativa europea.
- Real Decreto 374/2001. Establece medidas preventivas frente a la exposición a los agentes químicos en el entorno laboral.

- ⮑ Real Decreto 39/1997. Aprueba el Reglamento de los Servicios de Prevención, estableciendo la organización y los requisitos de las entidades preventivas.
- ⮑ Real Decreto 664/1997. Regula la protección de los trabajadores frente a los riesgos derivados de la exposición a los agentes biológicos.
- ⮑ Real Decreto 665/1997. Regula la protección frente a la exposición a los agentes cancerígenos o mutágenos en el trabajo.
- ⮑ Real Decreto 783/2001. Aprueba el Reglamento sobre la Protección Sanitaria contra las Radiaciones Ionizantes.
- ⮑ Real Decreto 833/1988. Regula la gestión de los residuos peligrosos, incluyendo los residuos sanitarios.

IMPORTANTE

El cumplimiento de la legislación nacional en materia de prevención de riesgos en el sector sanitario no solo evita las sanciones legales, sino que constituye la base para garantizar un entorno seguro y saludable, reduciendo los riesgos laborales y protegiendo la salud pública.

5.2. Legislación europea e internacional

El sector sanitario tiene regulaciones nacionales, europeas e internacionales que garantizan la seguridad laboral y la salud pública. Estas reglas armonizan los estándares de prevención en todos los Estados miembros y a nivel global. La normativa europea se enfoca en los riesgos biológicos, químicos y cancerígenos, las radiaciones y los equipos médicos, mientras que los organismos internacionales ofrecen guías sobre bioseguridad, salud laboral y gestión ambiental en centros sanitarios.

Principales normas europeas aplicables en el sector sanitario

La normativa europea de seguridad y salud laboral obliga a todos los Estados miembros a aplicar las directrices que protegen a los trabajadores sanitarios frente a los riesgos biológicos, químicos, físicos y derivados del uso de los equipos médicos. Además, garantiza una protección homogénea en la Unión Europea mediante criterios armonizados sobre los productos sanitarios y la prevención de las lesiones debidas a objetos punzantes.

Las directivas y los reglamentos europeos relacionados con este sector son:

Directiva 2000/54/CE	- Sobre la protección de los trabajadores contra los riesgos derivados de la exposición a los agentes biológicos.
Directiva 2004/37/CE	- Regula la protección frente a los agentes cancerígenos o mutágenos.
Directiva 2010/32/UE	- Establece las medidas para la prevención de las lesiones debidas a los objetos punzantes en el sector sanitario.
Directiva 2013/59/Euratom	- Establece las normas básicas de seguridad frente a las radiaciones ionizantes.
Directiva 98/24/CE	- Relativa a la protección de la salud de los trabajadores frente a los riesgos relacionados con los agentes químicos.
Reglamento (UE) 2017/745 y 2017/746	- Regulan los productos sanitarios y los productos para diagnóstico *in vitro*.

Principales normativas internacionales aplicables en el sector sanitario

La prevención de los riesgos en el sector sanitario requiere el cumplimiento de las normativas nacionales y europeas, y seguir estándares internacionales. Organismos como la OMS, la OIT y la EU-OSHA ofrecen marcos y guías que complementan la legislación. También, las normas ISO ayudan a certificar los sistemas de gestión y a garantizar el empleo de prácticas seguras en la atención sanitaria.

 RECUERDA

El cumplimiento de la normativa europea e internacional en el sector sanitario garantiza una prevención homogénea y de calidad, fortaleciendo la seguridad laboral, la salud de los pacientes y la sostenibilidad ambiental de los sistemas de salud.

El Reglamento General de Protección de Datos considera los datos médicos de especial protección, aspecto sobre el que deben hacer hincapié los profesionales, ya que habitualmente es un aspecto olvidado por los pacientes o los familiares.

6. Riesgos específicos por puesto de trabajo

El sector sanitario agrupa distintos perfiles profesionales, cada uno con sus propios riesgos específicos según su entorno y sus tareas. Aunque existen peligros comunes, como las caídas o la exposición a los productos químicos, cada puesto requiere una evaluación individualizada de riesgos. Identificarlos es esencial para aplicar medidas preventivas que protejan a los profesionales y a los pacientes.

 IMPORTANTE

La prevención en el sector sanitario debe adaptarse a cada rol profesional, ya que los riesgos no son homogéneos: mientras que un técnico de radiodiagnóstico se enfrenta a la exposición a las radiaciones, un auxiliar de geriatría puede sufrir sobreesfuerzos y riesgos ergonómicos en la movilización de los pacientes.

6.1. Personal médico

El personal médico es un perfil esencial en la atención sanitaria; se enfrenta a exigencias elevadas que incluyen la evaluación clínica, la toma de decisiones críticas y la aplicación de los tratamientos. Estas responsabilidades lo exponen a riesgos físicos, químicos y biológicos, como el manejo de instrumental punzocortante, el contacto con fluidos o la exposición a sustancias peligrosas. A ello se suman los factores organizativos, como la sobrecarga asistencial, las guardias prolongadas y la falta de recursos, que pueden generar fatiga, estrés y desgaste emocional, afectando a la salud física y mental del profesional.

Dentro de la prevención, resulta imprescindible integrar medidas ergonómicas que incluyan la correcta disposición del mobiliario clínico, pausas regulares y técnicas de higiene postural enfocadas en reducir las lesiones musculoesqueléticas y mejorar el rendimiento. De igual modo, la gestión de los riesgos psicosociales debe abordarse mediante la implantación de programas de apoyo emocional, la formación en el manejo del estrés y una cultura laboral basada en la comunicación y en el respeto. Proteger la salud del personal médico es un deber ético y legal, y una inversión clave en la sostenibilidad del sistema sanitario y en la calidad de la atención al paciente.

Entre los principales riesgos que afectan a este perfil, se pueden destacar los siguientes:

Riesgos físicos	- El personal médico se enfrenta a distintos riesgos físicos debidos al manejo de los equipos, al instrumental punzante y a la dinámica hospitalaria, lo que puede causar accidentes como cortes o caídas. La movilidad constante entre las distintas áreas incrementa estos riesgos, por lo que la prevención debe adaptarse a cada actividad e instalación.
Riesgos químicos	- Los productos químicos y los fármacos médicos pueden causar intoxicaciones o reacciones adversas si no se manipulan correctamente. El riesgo varía según el área y puede ser puntual o acumulativo, siendo mayor en oncología, anestesiología y urgencias. Es fundamental aplicar medidas preventivas específicas para evitar la exposición.
Riesgos ergonómicos	- El personal médico está expuesto a lesiones musculoesqueléticas debidas a las posturas prolongadas, los sobreesfuerzos y los movimientos repetitivos. La falta de ayudas mecánicas y las largas horas de pie incrementan estos riesgos.

Continúa en página siguiente >>

<< *Viene de página anterior*

Riesgos psicosociales	- El personal médico se enfrenta a la alta presión emocional y organizativa por el trato constante con pacientes críticos, lo que eleva el estrés. Las guardias excesivas y las largas jornadas sin descanso aumentan su vulnerabilidad y su desgaste, afectando a la salud mental y a la calidad asistencial.
Riesgos ambientales	- En el entorno hospitalario, los agentes biológicos y las condiciones ambientales aumentan el riesgo de exposición para el personal y para los pacientes. La mala ventilación, los contaminantes en las zonas críticas y el ruido afectan a la salud y al desempeño del personal médico.

RECUERDA

El personal médico requiere medidas preventivas específicas que integren protección técnica, protocolos organizativos y apoyo psicosocial, ya que su seguridad impacta directamente en la calidad del servicio al paciente.

6.2. Personal de enfermería

El personal de enfermería combina conocimientos clínicos, habilidades técnicas y un profundo compromiso humano en las tareas que desempeñan. Estas tareas abarcan desde la monitorización de los pacientes hasta la asistencia en los procedimientos médicos. Esta labor implica una exposición constante a riesgos físicos, biológicos, químicos y ergonómicos derivados del manejo de materiales punzocortantes, la movilización de los pacientes y la manipulación de sustancias peligrosas. Las posturas forzadas, los movimientos repetitivos y la falta de ayudas técnicas incrementan la probabilidad de sufrir lesiones musculoesqueléticas, lo que obliga a desarrollar una adecuada organización del trabajo, incorporar mejoras en el equipamiento y garantizar la formación continua en aspectos ergonómicos.

En el ámbito psicosocial, el personal de enfermería se enfrenta a una alta carga emocional por el contacto permanente con el sufrimiento, la presión asistencial y la toma de decisiones urgentes. Estas condiciones pueden generar ansiedad, fatiga o *burnout,* por lo que resulta fundamental promover programas de apoyo psicológico, espacios de descanso y una adecuada rotación de los turnos. La prevención integral de los riesgos laborales en el personal de enfermería debe proteger la salud física y mental del personal, además de mejorar la calidad asistencial y la seguridad de los pacientes.

Entre los principales riesgos que afectan a este perfil, se pueden destacar los siguientes:

Riesgos físicos	- El personal de enfermería está expuesto a los accidentes con objetos punzantes y equipos clínicos, lo que eleva el riesgo de lesiones y transmisión de enfermedades. La alta demanda y la rapidez exigida en las urgencias o en los cuidados críticos aumentan la posibilidad de caídas, golpes y otros incidentes físicos.
Riesgos químicos	- El personal de enfermería manipula habitualmente fármacos y productos desinfectantes, lo que puede afectar a su salud tanto a corto como a largo plazo. El riesgo aumenta en áreas como oncología, anestesiología o cuidados intensivos, donde es más común el contacto con sustancias peligrosas.
Riesgos ergonómicos	- Las tareas de enfermería requieren esfuerzo físico, especialmente al mover y atender a los pacientes, lo que puede causar lesiones musculoesqueléticas. Al mantener posturas forzadas y pasar mucho tiempo de pie, se agrava el riesgo de sufrir trastornos crónicos.
Riesgos psicosociales	- El personal de enfermería es vulnerable a los riesgos psicosociales por la cercanía con los pacientes y la presión asistencial. Los turnos rotatorios, nocturnos y las guardias prolongadas dificultan el descanso y aumentan el estrés y el desgaste emocional.
Riesgos ambientales	- La exposición continua a los agentes biológicos exige una estricta bioseguridad. También influyen otros factores como una mala ventilación, el ruido en urgencias y las condiciones térmicas extremas, lo que aumenta los retos del plan de prevención.

IMPORTANTE

La seguridad en la enfermería debe abordarse de manera integral, combinando medidas de bioseguridad, ergonomía y apoyo psicosocial para proteger al trabajador y al paciente.

6.3. Técnicos de laboratorio clínico y biomédico

Los técnicos de laboratorio clínico y biomédico son fundamentales, ya que sus análisis permiten establecer diagnósticos precisos y orientar los tratamientos médicos. Su labor implica la manipulación de muestras biológicas, sustancias químicas peligrosas y el trabajo con equipos especializados, lo que requiere el cumplimiento estricto de las normas de bioseguridad y el uso adecuado de los equipos de protección individual. La exposición a los agentes biológicos, los reactivos tóxicos o el trabajo con la maquinaria automatizada convierte la prevención en un aspecto esencial para garantizar la seguridad personal y la fiabilidad de los resultados.

Desde un punto de vista ergonómico y psicosocial, el trabajo de laboratorio exige precisión y repetición, lo que puede generar fatiga visual, tensiones musculares y estrés debido a la presión por la exactitud de los resultados y los plazos ajustados para su entrega. Para reducir estos riesgos, es necesario adaptar los puestos de trabajo respetando los criterios ergonómicos, fomentar las pausas, mejorar la organización de las tareas y promover un entorno laboral colaborativo que reconozca su labor en la cadena asistencial.

Entre los principales riesgos que afectan a este perfil, se pueden destacar los siguientes:

- ⬤ **Riesgos físicos.** El laboratorio presenta riesgos físicos, como cortes, quemaduras y caídas, derivados del uso inadecuado de los equipos y los instrumentos. El manejo de los autoclaves, los hornos o los mecheros aumenta las lesiones, sobre todo si se trabaja rápido o sin la protección adecuada.
- ⬤ **Riesgos químicos.** El personal de laboratorio manipula a diario reactivos corrosivos, irritantes o tóxicos, con riesgo de exposición por inhalación, contacto o ingestión. El uso de disolventes, colorantes y conservantes como el formaldehído exige el cumplimiento de los protocolos

de bioseguridad, ya que algunas sustancias también son inflamables o explosivas.

- **Riesgos ergonómicos.** En los laboratorios, las posturas y los movimientos repetitivos afectan al sistema musculoesquelético. Trabajar de pie mucho tiempo y usar microscopios, cabinas o pipetas causan fatiga visual, dolor lumbar y lesiones por esfuerzo repetitivo.
- **Riesgos psicosociales.** Trabajar en el laboratorio exige una alta precisión y el cumplimiento estricto de los plazos, lo que genera presión psicológica y eleva el riesgo de cometer errores con graves consecuencias en los diagnósticos médicos. La repetición de las tareas y el aislamiento aumentan el estrés y la fatiga mental.
- **Riesgos ambientales.** Los laboratorios presentan riesgos para la salud debidos a la exposición a agentes biológicos, vapores químicos y residuos peligrosos. La ventilación deficiente aumenta el peligro de contaminación, y los residuos requieren estrictos protocolos de manejo y eliminación.

 RECUERDA

El estricto cumplimiento de las normas de bioseguridad, junto con el uso adecuado de los equipos de protección, es la medida más eficaz para garantizar la seguridad de los técnicos de laboratorio clínico y biomédico.

6.4. Técnicos en radiodiagnóstico y radioterapia

Los técnicos de radiodiagnóstico y radioterapia desempeñan su trabajo en la detección, el seguimiento y el tratamiento de las enfermedades, especialmente en las oncológicas, mediante el uso de tecnologías avanzadas como la tomografía, la resonancia magnética o los aceleradores lineales. Su labor requiere una formación técnica y una actualización constante, dado el alto grado de innovación existente en el sector. El principal riesgo de este perfil es la exposición a las radiaciones ionizantes, que exige la aplicación estricta de medidas preventivas como el uso de barreras plomadas, dosímetros y cabinas de control, junto con la correcta manipulación de los productos radioactivos y contrastes.

Desde un punto de vista ergonómico y psicosocial, las posturas mantenidas, la manipulación de los equipos y la movilización de los pacientes pueden generar lesiones musculoesqueléticas, mientras que la presión asistencial y la carga emocional asociada al tratamiento de los pacientes graves incrementan el riesgo de estrés y de desgaste mental. La implementación de programas ergonómicos, de apoyo psicológico, sumados al reconocimiento profesional, resulta esencial para promover el bienestar, prevenir las lesiones y asegurar un entorno laboral saludable y sostenible.

Entre los principales riesgos que afectan a este perfil, se pueden destacar los siguientes:

Riesgos físicos	- Trabajar con los equipos de radiología y radioterapia implica riesgos físicos, especialmente debidos a la manipulación de los equipos y la exposición a la radiación. Además, tratar a pacientes con movilidad reducida y moverse frecuentemente entre las salas aumenta el riesgo de sufrir lesiones físicas como caídas, golpes o sobreesfuerzos.
Riesgos químicos	- Los técnicos en radiodiagnóstico y radioterapia pueden estar expuestos a las sustancias químicas usadas en el revelado de las imágenes y el mantenimiento de los equipos, que resultan irritantes o tóxicas si no se manipulan correctamente. El contacto con los productos de limpieza también es un riesgo, sobre todo en zonas sin ventilación o protección adecuada.
Riesgos ergonómicos	- Los técnicos en radiodiagnóstico y radioterapia pueden estar expuestos a las sustancias químicas usadas en el revelado de las imágenes y el mantenimiento de los equipos, que resultan irritantes o tóxicas si no se manipulan correctamente. El contacto con los productos de limpieza también es un riesgo, sobre todo en zonas sin ventilación o protección adecuada.
Riesgos psicosociales	- La alta responsabilidad que tienen estos profesionales sobre las imágenes diagnósticas y los tratamientos implica riesgos psicosociales importantes. La presión del trabajo, el trato con los pacientes graves, los turnos rotativos y la necesidad de concentración pueden causar estrés y fatiga mental que deben saber gestionarse correctamente.

Continúa en página siguiente >>

<< Viene de página anterior

Riesgos ambientales	- Los hospitales deben tener la capacidad de gestionar los factores ambientales que afecten a la seguridad y a la salud del personal técnico. Ventilación, iluminación y temperatura son aspectos clave; además, el ruido de los equipos y los residuos químicos o radiactivos requieren protocolos específicos de seguridad ambiental.

RECUERDA

La seguridad en el puesto de técnico en radiodiagnóstico y radioterapia depende de la aplicación estricta de los protocolos de protección radiológica junto con la combinación de medidas técnicas, organizativas y personales que garanticen la seguridad del profesional y del paciente.

6.5. Personal de urgencias y emergencias sanitarias

El personal de urgencias y emergencias sanitarias centra su función en la atención a los pacientes en estado crítico, actuando como el primer eslabón en la cadena asistencial. Su labor, caracterizada por la toma de decisiones rápidas y la realización de intervenciones vitales en entornos inestables, exige una combinación de competencia técnica, fortaleza física y equilibrio emocional. Entre los principales riesgos se incluyen las lesiones debidas al levantamiento y el traslado de los pacientes, los accidentes durante los desplazamientos en la ambulancia y la exposición a condiciones extremas como pueden ser los incendios o los derrumbes. Para prevenirlos, resulta imprescindible el uso de los equipos de protección individual y la formación continua relacionada con las técnicas seguras de movilización y actuación.

Además, el contacto directo con los pacientes en estado crítico aumenta la exposición a riesgos biológicos y químicos, como el contagio de enfermedades o el contacto con materiales peligrosos, lo que requiere una estricta aplicación de los protocolos de higiene, desinfección y vacunación. En el plano psicosocial, la presión temporal, la carga emocional y la exposición constante al sufrimiento de las personas accidentadas pueden generar estrés, ansiedad o agotamiento profesional. Por ello, es fundamental proporcionarles apoyo psicológico, fomentar la rotación de las tareas y crear espacios de recuperación mental que promuevan la resiliencia y garanticen su seguridad ante el alto grado de exigencia de su labor.

Entre los principales riesgos que afectan a este perfil, se pueden destacar los siguientes:

Riesgos físicos	- El personal de emergencias se enfrenta a riesgos físicos debidos a los desplazamientos, el trabajo en espacios difíciles y el uso de equipos portátiles. La urgencia aumenta la probabilidad de sufrir lesiones, agravada por la conducción de vehículos de emergencia y el manejo rápido de los equipos en entornos hostiles o no adaptados.
Riesgos químicos	- El contacto con las sustancias químicas en las emergencias es poco común, pero puede ocurrir en accidentes industriales, incendios o catástrofes químicas, donde el entorno es difícil de controlar. La exposición a los gases tóxicos o a los productos derramados requiere que el personal use los equipos de protección adecuados y siga los protocolos específicos establecidos.
Riesgos ergonómicos	- Las intervenciones urgentes exigen la movilización de los pacientes en condiciones adversas, aumentando el riesgo de sufrir lesiones musculoesqueléticas. Transportar equipos portátiles y adoptar posturas forzadas en espacios reducidos desgasta físicamente al personal.
Riesgos psicosociales	- El personal de urgencias se enfrenta a una alta carga emocional debida a la atención de los pacientes críticos y las situaciones graves, lo que incrementa el estrés. La violencia y la presión de los turnos largos favorecen el desgaste psicológico y el *burnout*.
Riesgos ambientales	- El trabajo en el exterior o en espacios no controlados expone al personal de emergencias a riesgos ambientales variables según el lugar. Las condiciones meteorológicas extremas, la mala ventilación en espacios confinados y la contaminación acústica urbana afectan directamente a su seguridad.

IMPORTANTE

El personal de urgencias y emergencias sanitarias requiere medidas preventivas específicas basadas en la formación, el uso de los equipos de protección adecuados y la preparación psicológica, ya que su seguridad es esencial para garantizar la eficacia de la atención al paciente.

Los equipos de emergencias se enfrentan habitualmente a las caídas al mismo nivel debido a la urgencia de las intervenciones.

ACTIVIDAD COMPLEMENTARIA

5. Selecciona al menos cuatro puestos de trabajo representativos del ámbito sanitario (por ejemplo: personal de enfermería, personal médico, celadores, personal de limpieza o laboratorio), consulta las fichas de funciones y riesgos disponibles en la guía del Instituto Nacional de Seguridad y Salud en el Trabajo (INSST) e identifica, para cada puesto, las tareas principales que desempeña, los riesgos laborales específicos, y las medidas preventivas y los equipos de protección individual (EPI) asociados a su perfil.

7. Procedimientos de actuación en caso de accidente o emergencia en el sector sanitario

Los centros sanitarios son espacios en los que la probabilidad de que se produzca una emergencia es constante debido a la presencia permanente de agentes biológicos, sustancias químicas, equipos de alta tecnología y pacientes en estado crítico. Por ello, contar con unos procedimientos de actuación claros y estandarizados es esencial para garantizar la seguridad de los trabajadores, los pacientes y sus acompañantes. La eficacia de estos protocolos depende de la planificación, la formación del personal y la coordinación entre los distintos servicios hospitalarios y los equipos de emergencia externos. Una respuesta rápida, organizada y bien entrenada, además de minimizar el impacto de los incidentes, también asegura la continuidad asistencial, marcando la diferencia entre un evento controlado y una crisis de gran magnitud.

7.1. Protocolos de intervención y contención ante accidentes laborales y ambientales

El entorno sanitario presenta riesgos biológicos, químicos, eléctricos y ambientales que requieren protocolos específicos para cada posible emergencia. La complejidad clínica y el manejo de materiales peligrosos aumentan la probabilidad de sufrir un incidente, por lo que los centros deben contar con unos planes claros sobre responsabilidades, rutas de evacuación, alarmas y acciones iniciales. Es fundamental clasificar las emergencias, prever los recursos y formar al personal mediante el desarrollo de simulacros.

La gestión eficaz incluye la atención a las víctimas, la notificación oficial y la evaluación de las mejoras. Mantener actualizados el equipamiento y la comunicación es clave para responder adecuadamente. Este enfoque integral reduce los daños, evita el aumento de la cantidad de incidentes y garantiza la continuidad asistencial.

Las principales medidas de intervención y contención son:

- **Detección y alarma inmediata.** Notificar de forma inmediata al responsable de seguridad y activar los sistemas de alarma internos.
- **Aislamiento de la zona afectada.** Restringir el acceso al área afectada para evitar la exposición de más personas.
- **Uso de EPI adecuados.** Aplicar las medidas de protección individual según la naturaleza del riesgo (mascarillas, guantes, gafas, trajes impermeables, etc.).

- **Contención de derrames o materiales peligrosos.** Emplear absorbentes, neutralizadores o sistemas de ventilación según el tipo de sustancia implicada.
- **Desconexión de equipos o sistemas de riesgo.** Cortar los suministros eléctricos, de gas o climatización si representan un peligro adicional.
- **Atención inmediata a los afectados.** Aplicar los primeros auxilios básicos y trasladar al personal sanitario especializado los casos más graves.
- **Notificación externa.** Avisar a los servicios de emergencias si el incidente supera la capacidad de control interno.
- **Registro del incidente.** Documentar las actuaciones realizadas para su análisis posterior y la mejora de los protocolos.

Los simulacros se deben realizar regularmente para comprobar la eficiencia de los planes de evacuación y emergencia.

 IMPORTANTE

La rapidez en la respuesta es decisiva: los primeros minutos tras un accidente determinan la gravedad de las consecuencias. Una intervención coordinada y basada en los protocolos establecidos aumenta las posibilidades de control y seguridad.

APLICACIÓN PRÁCTICA

En la sala de curas de la Unidad de Cirugía Ambulatoria, una enfermera se dispone a realizarle el cambio de apósito a un paciente intervenido de una rodilla hace dos días.

Mientras retira el material de la cura anterior, observa un pequeño sangrado en la zona de la incisión, acompañado de una leve inflamación. Al preparar el nuevo apósito, la gasa estéril cae accidentalmente al suelo.

La enfermera debe decidir cómo actuar para mantener la asepsia, atender correctamente la herida y garantizar la seguridad del paciente, sin retrasar innecesariamente la asistencia.

¿Cuál es la secuencia de actuación más adecuada en esta situación?

Solución

La secuencia correcta sería: desechar la gasa contaminada, informar al paciente, colocarse los EPI adecuados y preparar nuevamente el material estéril antes de continuar la cura.

Desechar la gasa contaminada evita posibles infecciones cruzadas, informar al paciente mantiene la comunicación y la confianza, colocarse los EPI adecuados protege al profesional y preparar nuevamente el material estéril garantiza que la cura se realizará en condiciones asépticas, preservando la seguridad del paciente.

- -

7.2. Organización de la evacuación y atención a las víctimas

Evacuar los centros sanitarios presenta multitud de desafíos por la vulnerabilidad de los pacientes y las áreas críticas como la UCI y los quirófanos. Ante las emergencias, es fundamental actuar rápido y coordinadamente, priorizando la seguridad. Todo centro debe contar con un plan de emergencia que contemple distintas modalidades de evacuación, rutas alternativas y procedimientos específicos para el traslado de los pacientes dependientes, además de practicarlo regularmente. Los simulacros permiten evaluar la eficacia y mejorar la coordinación. Durante y después de la evacuación, se debe garantizar atención médica rápida y activar los servicios de emergencia externos necesarios para asegurar la continuidad asistencial. La colaboración entre el personal sanitario y los equipos de emergencia es esencial para lograr una evacuación eficaz y segura.

Los principales pasos que se deben seguir para lograr una evacuación eficaz y una correcta atención a las víctimas son:

- **Activación de la alarma interna.** Notificar inmediatamente la situación y activar el plan de evacuación.
- **Priorizar la evacuación de pacientes vulnerables.** Establecer un orden de salida que contemple a los pacientes críticos, las personas con discapacidad o con movilidad reducida.
- **Uso de rutas seguras y señalizadas.** Garantizar que las vías de evacuación estén libres de obstáculos y correctamente iluminadas.
- **Asignación de responsables por área.** Cada departamento o servicio debe tener personal designado para coordinar la salida y controlar el recuento de personas.
- **Utilización de equipos de traslado.** Emplear camillas, sillas de ruedas o dispositivos de evacuación en el caso de los pacientes encamados.
- **Atención inmediata a las víctimas.** Proporcionar los primeros auxilios básicos y derivar rápidamente los casos graves a los servicios especializados.
- **Punto de reunión seguro.** Establecer áreas externas seguras para concentrar a los pacientes, al personal y a los visitantes.
- **Comunicación con los servicios de emergencia.** Mantener un flujo constante de información sobre el estado de la evacuación y las víctimas.

 RECUERDA

Una evacuación mal organizada puede multiplicar el número de víctimas. La preparación previa, la asignación de roles claros y la coordinación con los servicios externos son elementos esenciales para garantizar la seguridad en los centros sanitarios.

7.3. Protocolos de comunicación en situaciones de emergencia

La comunicación eficaz durante una emergencia es clave para una respuesta rápida y coordinada. Los protocolos deben establecer las responsabilidades, definir los mensajes y los canales de transmisión (como megafonía, emisoras o sistemas digitales), garantizando la redundancia para evitar las interrupciones. El personal debe estar entrenado, conocer los códigos de emergencia y mantener la calma para que los simulacros puedan evaluar con claridad su desarrollo y su coordinación. Verificar la información es esencial para evitar los errores; así, la comunicación efectiva agiliza la respuesta y genera confianza en el sistema sanitario.

El protocolo de comunicación que se debe seguir en caso de una emergencia sanitaria es:

- **Notificación inmediata interna.** Activación de la alarma y comunicación directa al centro de control o al responsable de seguridad.
- **Comunicación estructurada.** Transmitir siempre la información siguiendo este esquema: qué ocurre, dónde ocurre, a quién le afecta y qué recursos se requieren.
- **Aviso a los servicios externos.** Contacto rápido y preciso con los bomberos, las emergencias médicas o los cuerpos de seguridad según el tipo de incidente.
- **Información a los trabajadores.** Difusión de unas instrucciones claras mediante la megafonía, las radios portátiles, los teléfonos internos o las aplicaciones móviles.
- **Uso de canales redundantes.** Disponer de vías alternativas (megafonía, mensajería, radios) para evitar fallos en caso de cortes eléctricos o de red.
- **Confirmación de recepción.** Verificar que el mensaje ha sido recibido y entendido por los responsables designados en cada área.
- **Actualización constante.** Proporcionar información periódica hasta que la emergencia se encuentre controlada.
- **Registro documental.** Documentar las comunicaciones realizadas para su análisis posterior y la mejora de los protocolos.

IMPORTANTE

Una comunicación clara, inmediata y estructurada en las emergencias, además de proteger las vidas, también facilita la coordinación con los servicios externos y asegura la continuidad asistencial en los centros sanitarios.

7.4. Clasificación de daños y emergencias más frecuentes en el sector sanitario

La gestión de las emergencias en los centros sanitarios exige una planificación basada en la clasificación clara de los riesgos, tanto internos como externos. Identificar el tipo y la gravedad de cada emergencia permite establecer niveles de alerta, asignar recursos y activar planes adecuados. Una categorización precisa facilita la formación del personal y adapta los entrenamientos a los riesgos de cada área. Este método mejora la respuesta, minimiza los errores y refuerza la resiliencia institucional, asegurando la continuidad asistencial ante las situaciones adversas.

Los distintos tipos de emergencias que se pueden encontrar en el sector sanitario son:

Emergencias biológicas
- Accidentes por la exposición a sangre, fluidos o agentes patógenos, brotes infecciosos dentro del hospital o por fallos en los protocolos de aislamiento.

Emergencias químicas
- Derrames de productos desinfectantes o esterilizantes, intoxicaciones por gases anestésicos o almacenamiento inadecuado de las sustancias peligrosas.

Emergencias físicas
- Incendios en las instalaciones hospitalarias, cortes eléctricos que afectan a los equipos críticos (UCI, quirófanos), fallos en los sistemas de climatización o en los gases medicinales.

Emergencias ambientales
- Ventilación deficiente en las salas cerradas, acumulación de residuos biológicos o químicos, o condiciones térmicas extremas en las áreas críticas.

Emergencias ergonómicas y mecánicas
- Caídas, atrapamientos o lesiones derivadas de la manipulación de los equipos, las camillas o los elevadores de pacientes.

Emergencias psicosociales
- Episodios de violencia contra el personal sanitario, crisis colectivas por saturación en urgencias y situaciones de pánico durante las evacuaciones.

Emergencias externas
- Catástrofes naturales, accidentes de tráfico o industriales cercanos, ataques intencionados o amenazas que requieren la activación de los planes de protección civil.

RECUERDA

La clasificación de las emergencias facilita la activación inmediata de los protocolos adecuados, garantizando que cada incidente reciba la respuesta más eficaz posible y reduciendo el impacto sobre la salud de los pacientes, los trabajadores y la propia institución sanitaria.

----

8. Resumen

La prevención de los riesgos laborales en el sector sanitario constituye un eje fundamental para garantizar la seguridad de los trabajadores y la calidad asistencial de los pacientes. El entorno hospitalario y clínico presenta características singulares: la exposición constante a agentes biológicos, el uso intensivo de sustancias químicas, la interacción con equipos de alta tecnología y la presión psicosocial derivada de la atención a personas en situaciones de vulnerabilidad. Todo ello convierte a este sector en uno de los más complejos desde el punto de vista preventivo.

Los objetivos específicos de la prevención de riesgos en este sector se deben centran en dotar a los trabajadores de conocimientos y herramientas para identificar los riesgos, aplicar las medidas preventivas adecuadas, actuar de forma coordinada en caso de emergencia y cumplir con la normativa vigente. La prevención se entiende no como un proceso aislado, sino como parte integral de la organización sanitaria, en la que la seguridad del personal y de los pacientes debe estar siempre por encima de la inmediatez o la presión asistencial.

La identificación de los riesgos y el análisis de las condiciones de trabajo permiten comprender la diversidad de las amenazas presentes en el entorno sanitario. Entre los riesgos más habituales se pueden encontrar físicos (caídas, radiaciones, golpes con equipos), químicos (desinfectantes, anestésicos, citostáticos), biológicos (virus, bacterias, fluidos corporales), ergonómicos (movilización de pacientes, posturas forzadas, movimientos repetitivos), psicosociales (estrés, turnos prolongados, violencia hacia el personal) y ambientales (ruido, ventilación deficiente, acumulación de residuos). Esta clasificación permite adoptar estrategias de prevención ajustadas a cada categoría de riesgo.

Las medidas preventivas específicas incluyen la aplicación de medidas técnicas, organizativas y de protección colectiva e individual. Entre ellas destacan la correcta gestión de los residuos hospitalarios, la esterilización del material, la instalación de sistemas de ventilación adecuados, la señalización de áreas críticas, la planificación de turnos para evitar sobrecarga y la provisión de equipos de protección individual como mascarillas, guantes, gafas o trajes impermeables. Estas medidas deben estar integradas en la práctica diaria y contar con la implicación de todo el personal sanitario.

La normativa nacional, europea e internacional ofrece el marco legal necesario para regular las condiciones de seguridad en los centros de salud. Su cumplimiento, además de responder a una obligación legal, también es una responsabilidad ética hacia los trabajadores y la sociedad en general. En este sentido, la coordinación entre empresarios, coordinadores de prevención y trabajadores resulta indispensable para que la normativa se aplique de manera efectiva y se traduzca en mejoras reales en las condiciones de trabajo.

El análisis de los riesgos específicos por puesto de trabajo evidencia que cada categoría profesional se enfrenta a unas amenazas particulares que deben ser atendidas mediante protocolos específicos adaptados. Médicos, enfermeros, técnicos de laboratorio, personal de esterilización, personal de apoyo y otros colectivos requieren medidas diferenciadas, ajustadas a la naturaleza de sus funciones y a los espacios en los que desempeñan sus tareas. Esta segmentación asegura que la prevención es ajustada a las necesidades reales de cada puesto.

Los procedimientos de actuación en caso de accidente o emergencia complementan el conjunto de medidas preventivas. La clasificación de los daños, los protocolos de intervención, la organización de las evacuaciones, la atención inmediata a las víctimas y la comunicación estructurada en las situaciones críticas constituyen elementos esenciales para ofrecer una respuesta eficaz. La rapidez, la coordinación y la claridad en la ejecución de estos protocolos determinan la capacidad del centro sanitario para minimizar los daños y garantizar la continuidad asistencial.

Ejercicios de autoevaluación
Unidad de Aprendizaje 5

1. Durante una extracción de sangre, ¿qué medida debe aplicarse para prevenir el riesgo de infección por pinchazo accidental?

    a. Dejar la aguja sobre la mesa de trabajo.
    b. Depositar el material punzante en contenedores rígidos y señalizados.
    c. Reencapsular la aguja tras su uso.
    d. Usar guantes solo si hay sangrado visible.

2. En una unidad de cuidados intensivos, ¿qué equipo de protección es obligatorio durante la atención a pacientes con infecciones respiratorias?

    a. Bata de algodón ligera.
    b. Gorro de tela.
    c. Guantes de jardinería.
    d. Mascarilla FFP3 y protección ocular.

3. Cuando se realiza la movilización manual de un paciente encamado, el riesgo principal es:

    a. Cortes por instrumental.
    b. Exposición a radiación.
    c. Sobrecarga lumbar y lesiones musculoesqueléticas.
    d. Fatiga visual.

4. En un laboratorio clínico, el uso de pipetas automáticas con fluidos biológicos requiere:

    a. Utilizar siempre guantes, gafas y bata impermeable.
    b. No usar guantes para mejorar la precisión.
    c. Manipular reactivos sin ventilación.
    d. Limpiar las pipetas solo al final del turno.

5. Cuando se utilizan productos desinfectantes con base de cloro, el principal riesgo químico es:

    a. Deslizamiento del suelo.
    b. Irritación respiratoria por vapores.
    c. Electrocución.
    d. Infección cruzada.

6. En la zona de radiodiagnóstico, el técnico debe utilizar:

    a. Bata quirúrgica estéril.
    b. Delantal plomado y dosímetro personal.
    c. Guantes de nitrilo.
    d. Zapatos antideslizantes.

7. En la manipulación de bolsas de residuos biosanitarios, una práctica segura es:

    a. Compactar las bolsas para ahorrar espacio.
    b. Colocarlas en zonas de paso.
    c. Manipularlas con guantes y sin sobrecargarlas.
    d. Mezclarlas con residuos urbanos.

8. En enfermería, un riesgo psicosocial frecuente se relaciona con:

    a. La exposición al ruido de la maquinaria.
    b. El estrés derivado de la sobrecarga asistencial y los turnos nocturnos.
    c. Las temperaturas extremas.
    d. El exceso de ventilación.

9. En caso de exposición accidental a sangre, el procedimiento inmediato incluye:

    a. Lavar la zona afectada y comunicarlo al responsable de prevención.
    b. Esperar a finalizar el turno.
    c. Aplicar alcohol y continuar trabajando.
    d. No notificar el incidente.

10. En el quirófano, para evitar infecciones cruzadas entre pacientes y personal sanitario, debe cumplirse:

    a. Uso continuo de EPI y protocolos estrictos de asepsia.
    b. Limpieza al final de la jornada únicamente.
    c. Ventilación natural con ventanas abiertas.
    d. Rotación de material entre pacientes.

Glosario

Accidente de trabajo
Lesión corporal que sufre el trabajador con ocasión o consecuencia del trabajo; puede ir desde cortes y caídas hasta fracturas graves.

Agentes biológicos
Microorganismos vivos (virus, bacterias, hongos, parásitos) y derivados que pueden provocar infecciones, alergias o toxicidad.

Agentes ergonómicos
Condiciones derivadas de las posturas forzadas, los movimientos repetitivos o la manipulación de cargas que causan fatiga o lesiones musculoesqueléticas.

Agentes físicos
Factores ambientales como el ruido, las vibraciones, las radiaciones o las temperaturas extremas que pueden afectar a la salud del trabajador.

Agentes químicos
Sustancias como desinfectantes, fármacos o gases anestésicos que, por inhalación o contacto, pueden causar irritaciones, quemaduras o intoxicaciones en el entorno sanitario.

Almacenamiento seguro
Ubicación y clasificación adecuada de medicamentos, gases medicinales y productos químicos conforme a las normas de seguridad.

Atrapamientos y cortes
Accidentes frecuentes derivados del manejo de instrumental quirúrgico, las camillas o la maquinaria automatizada.

Bioseguridad
Conjunto de medidas destinadas a proteger al personal sanitario frente a los agentes biológicos y a los contaminantes en el entorno asistencial.

Cabina de seguridad biológica
Equipo que protege al trabajador y al material frente a la contaminación durante la manipulación de los agentes infecciosos.

Carga de trabajo
Cantidad de esfuerzo físico o mental exigido al trabajador y que, en exceso, puede provocar fatiga o errores.

Condiciones de seguridad
Características materiales del lugar de trabajo que pueden dar origen a los accidentes (pisos resbaladizos, pasillos obstruidos, instalaciones defectuosas).

Coordinación de actividades empresariales (CAE)
Obligación legal que garantiza la comunicación y la cooperación entre las contratas y las subcontratas que intervienen en una obra para evitar los accidentes por interferencias.

Daños derivados del trabajo
Incluyen los accidentes laborales, las enfermedades profesionales y otras patologías relacionadas con el empleo.

Desfibrilador externo automático (DEA)
Dispositivo que aplica descargas eléctricas para restablecer el ritmo cardíaco usado en las emergencias.

Desgaste emocional
Agotamiento psicológico producido por la atención continuada a los pacientes en situaciones críticas.

Enfermedad profesional
Patología contraída como consecuencia de la exposición repetida a los factores de riesgo inherentes a una profesión.

Equipo de protección individual (EPI)
Elementos de uso personal, como guantes, mascarillas, batas o gafas, que protegen al profesional sanitario frente a los riesgos biológicos, químicos o físicos durante su actividad asistencial.

Equipos de trabajo
Instrumentos, aparatos o dispositivos utilizados en la atención sanitaria o el diagnóstico que deben mantenerse en condiciones seguras y cumplir la normativa de prevención vigente.

Equipos médicos
Instrumentos, aparatos o sistemas empleados en el diagnóstico, el tratamiento o la monitorización de los pacientes.

Ergonomía
Disciplina que adapta el puesto y las herramientas al trabajador para reducir
las posibles lesiones y mejorar la eficiencia.

Evaluación de los riesgos
Proceso sistemático para identificar, valorar y controlar los riesgos presentes en un puesto de trabajo.

Factores de riesgo
Circunstancias que aumentan la probabilidad de sufrir un accidente o una
enfermedad (ruido, sustancias químicas, estrés, iluminación deficiente).

Fatiga laboral
Cansancio físico o mental debido a las cargas excesivas o condiciones de
trabajo inadecuadas.

Formación continua
Actualización permanente del personal en prevención, manejo de riesgos y
uso de nuevas tecnologías sanitarias.

Formación preventiva
Instrucción obligatoria que capacita a los trabajadores para identificar los
riesgos y aplicar las medidas de seguridad.

Iluminación
Factor ambiental que debe ser suficiente en quirófanos, urgencias y áreas
de diagnóstico para evitar errores.

Instituto Nacional de Seguridad y Salud en el Trabajo
Organismo técnico español que desarrolla distintas guías y normas de prevención sobre los riesgos existentes en los trabajos de diferentes sectores.

Manipulación de pacientes
Conjunto de maniobras y traslados que, si se realizan sin técnicas ergonómicas, pueden generar lesiones musculoesqueléticas.

Manipulación manual de cargas
Transporte o levantamiento de objetos pesados que puede causar lesiones
lumbares o musculares si no se hace correctamente.

Medidas colectivas de protección
Dispositivos o sistemas que protegen a varios trabajadores al mismo tiempo.

Medidas de contención
Sistemas para evitar la propagación de los agentes infecciosos o las sustancias peligrosas, como esclusas, filtros HEPA y contenedores específicos.

Medidas organizativas
Acciones de planificación, coordinación y supervisión para reducir los riesgos en la obra.

Normas UNE-EN e ISO
Estándares técnicos aplicables a equipos médicos, sistemas de ventilación, esterilización y gestión de la calidad asistencial.

PAS (proteger, avisar, socorrer)
Protocolo básico de actuación en primeros auxilios ante los accidentes.

Patología laboral
Enfermedad derivada del trabajo; incluye las reconocidas como profesionales como otras.

Plan de emergencia
Conjunto de procedimientos que determinan la respuesta ante incendios, fugas, epidemias u otras emergencias hospitalarias.

Planificación preventiva
Integración de la seguridad desde la fase de diseño del proyecto, definiendo los procedimientos seguros para cada etapa.

Presión asistencial
Nivel de demanda de atención que, si supera la capacidad de respuesta, aumenta los riesgos laborales y la posibilidad de errores.

Prevención de riesgos laborales
Disciplina que busca evitar o reducir los riesgos derivados del trabajo.

Protección individual
Elementos de uso personal destinados a proteger al trabajador frente a un riesgo concreto.

Protección radiológica
Medidas técnicas y organizativas que minimizan la exposición a las radiaciones ionizantes y no ionizantes en el diagnóstico o la terapia.

Protocolos de trabajo
Documentos normalizados que establecen prácticas seguras para la manipulación de muestras, fármacos y equipos médicos.

Rendimiento laboral
Nivel de productividad del trabajador que puede verse afectado por la fatiga o el estrés.

Riesgo ambiental
Factores del entorno hospitalario que afectan a la salud del personal, como ventilación insuficiente o ruido excesivo.

Riesgo biológico
Probabilidad de exposición a microorganismos patógenos presentes en pacientes, muestras o materiales contaminados.

Riesgo eléctrico
Peligro de contacto directo o indirecto con la corriente eléctrica en las instalaciones o los equipos defectuosos.

Riesgo ergonómico
Posibilidad de lesión derivada de las posturas forzadas, los movimientos repetitivos o la manipulación de cargas.

Riesgo físico
Peligro derivado del uso de equipos eléctricos, las radiaciones, el ruido o la temperatura extrema.

Riesgo laboral
Probabilidad de que un trabajador sufra un daño derivado del trabajo.

Riesgo psicosocial
Consecuencias del estrés, la presión asistencial o la violencia en el trabajo sobre la salud mental.

Riesgo químico
Exposición a productos tóxicos, corrosivos o irritantes utilizados en la limpieza, la esterilización o los tratamientos médicos.

Salud
Estado de bienestar físico, mental y social, no solo ausencia de enfermedad.

Seguridad hospitalaria
Conjunto de medidas destinadas a proteger al personal, los pacientes y los visitantes frente a los riesgos en centros sanitarios.

Señalización de seguridad
Conjunto de señales visuales o sonoras que informan sobre las prohibiciones, las obligaciones, las advertencias o las salidas de emergencia.

Shock
Estado crítico provocado por la falta de riego sanguíneo suficiente a los órganos vitales; requiere atención médica inmediata.

Simulacro de emergencia
Ejercicio planificado para comprobar la eficacia de los procedimientos de evacuación o rescate en el centro de trabajo.

Sistemas de trazabilidad
Procedimientos que registran la manipulación de fármacos, muestras y residuos peligrosos.

Sistemas de ventilación
Equipos de renovación y filtrado del aire que evitan la propagación de agentes infecciosos o gases tóxicos.

Sobrecarga asistencial
Exceso de tareas o pacientes asignados que puede afectar a la calidad del servicio y la salud del trabajador.

Trabajo en altura
Toda tarea realizada a más de dos metros de altura, con riesgo de caída si no se adoptan medidas preventivas.

Trabajo
Actividad física o intelectual realizada por una persona para producir bienes o servicios a cambio de una compensación económica o no.

Turnos rotatorios y nocturnos
Organización laboral que altera los ciclos de descanso y favorece la fatiga y el estrés.

Violencia laboral
Agresiones verbales o físicas sufridas por el personal sanitario durante su actividad asistencial.

Zonas críticas
Áreas hospitalarias con elevado riesgo biológico o químico, como quirófanos, laboratorios, urgencias o salas de aislamiento.

Bibliografía

Monografías

→ ALEMÁN Pardo, F., ALEMÁN Guillén, F. y ALEMÁN Guillén, P.: *Diccionario de Prevención de Riesgos Laborales.* Madrid: Editorial Wolters Kluwer España, S. A., 2020.

> Obra práctica destinada a la consulta por las personas que trabajan en el ámbito de la prevención de los riesgos laborales en la que se recogen distintos criterios jurisprudenciales de distintas situaciones planteadas ante los tribunales que permiten analizar las consecuencias jurídicas previstas en la normativa de prevención de riesgos laborales ante los casos de incumplimiento.

→ CORTÉS Díaz, J. M.: *Técnicas de prevención de riesgos laborales. Seguridad e higiene del trabajo.* Madrid: Editorial Tébar Flores, 2018.

> Libro en el que se tratan los aspectos fundamentales de la prevención de riesgos como son la salud, la seguridad, la investigación de los accidentes, los equipos de protección, etc.

→ GARCÍA Segura, V.: *Básico de prevención de riesgos laborales para trabajo en altura.* Antequera: IC Editorial, 2023.

> Libro en el que, además de establecer el marco normativo y conceptual, se establecen los aspectos que se deben analizar para llevar a cabo un análisis de riesgo y establecer las medidas preventivas cuando se desarrollen trabajos en altura.

→ MATEO Floria, P., GONZÁLEZ Ruiz, A. y GONZÁLEZ Maestre, D.: *Manual para el técnico en prevención de riesgos laborales.* Madrid: Editorial Fundación Confemetal, 2010.

> Manual recomendable para las personas que se inician en la prevención de riesgos laborales y en el que se reproducen distintas situaciones que se pueden encontrar con las medidas más adecuadas que se deben implantar.

→ PÉREZ Huguet, R.: *MF1360_2: Prevención básica de riesgos laborales en construcción*. Antequera: IC Editorial, 2025.

Libro que establece el marco normativo básico que se debe tener en cuenta en el sector de la construcción, haciendo hincapié en los sistemas de prevención, especificando las funciones que lleva a cabo el control de los riesgos laborales y el control de salud de los trabajadores.

Publicaciones y páginas web online con recursos:

→ Asociación Española de Normalización (UNE), de: <https://www.une.org>.

Normas técnicas UNE aplicables a la seguridad en los laboratorios que manejan agentes biológicos.

→ Fundación Estatal para la Prevención de Riesgos Laborales (FSP-PRL), de: <https://www.funprl.es>.

Portal que recoge materiales formativos, guías técnicas y estudios de investigación sobre la prevención de riesgos en el sector sanitario y sociosanitario.

→ Guía técnica del Instituto Nacional de Seguridad y Salud en el Trabajo sobre el riesgo eléctrico, de: <https://www.insst.es/documents/94886/789467/Guía+técnica+para+la+evaluación+y+prevención+de+los+riesgos+relacionados+con+la+protección+frente+al+riesgo+eléctrico.pdf>.

Documento oficial para la aplicación del Real Decreto sobre la Protección frente al Riesgo Eléctrico.

→ Guías técnicas del Instituto Nacional de Seguridad y Salud en el Trabajo sobre los riesgos biológicos, de: <https://www.insst.es/materias/riesgos/riesgos-biologicos>.

Recurso del Instituto Nacional de Seguridad y Salud en el Trabajo con guías, normativa y criterios de seguridad para los trabajos que implican riesgos biológicos.

→ Guías técnicas específicas del Instituto Nacional de Seguridad y Salud en el Trabajo, de: <https://www.insst.es/específicas>.

Página web en la que se puede acceder a las distintas guías técnicas específicas publicadas por el INSST para facilitar la aplicación de los reales decretos que desarrollan la Ley de Prevención de Riesgos Laborales.

→ Guías técnicas transversales del Instituto Nacional de Seguridad y Salud en el Trabajo, de: <https://www.insst.es/guias-tecnicas-transversales>.

Página web en la que se puede acceder a las distintas guías técnicas transversales publicadas por el INSST para facilitar la aplicación de los reales decretos que desarrollan la Ley de Prevención de Riesgos Laborales.

→ Manual básico de seguridad y salud en el trabajo, de: <https://invassat.gva.es/es/manual-basico-sst>.

>   Página web en la que se recogen distintos aspectos relacionados con la seguridad y la salud en el trabajo y que permite la descarga de materiales. Destaca el procedimiento MB33-1802302 de riesgos específicos y su prevención en el sector de la construcción.

→ Manual de bioseguridad en el laboratorio (OMS), de: <https://www.who.int/es/publications/i/item/9789240011397>.

>   Documento de referencia internacional que establece normas de bioseguridad y bioprotección aplicables en laboratorios de análisis clínicos y microbiológicos.

→ Manual de prevención de riesgos laborales de la Universidad de Sevilla, de: <http://direccioncitius.us.es/2016-11_Manual_de_PRRLL_de_la_US.pdf>.

>   Ejemplo de manual de prevención de riesgos laborales desarrollado por la Universidad de Sevilla.

→ Manual de procedimientos de prevención de riesgos laborales. Guía de elaboración, de: <https://www.cnae.com/ficheros/files/prl/Manual_procedimientos.pdf>.

>   Publicación en la que se recoge un listado de procedimientos preventivos acompañados de criterios y pautas de actuación para facilitar su implantación en la empresa.

→ Manual de seguridad, de <https://www.isastur.com/external/seguridad/data/es/1/1_1.htm>.

>   Página web en la que se puede acceder al manual de seguridad vigente para los trabajadores de la empresa ISASTUR.

→ Ministerio de Sanidad – Guías de prevención y salud laboral, de: <https://www.sanidad.gob.es/areas/saludLaboral/guiasVigiTrabajadores/home.htm>.

>   Portal institucional con guías, protocolos y documentos de referencia sobre riesgos laborales, vigilancia de la salud y gestión preventiva en el ámbito sanitario.

→ Organización Mundial de la Salud (OMS), de: <https://www.who.int/es>.

>   Página oficial de la OMS con documentos, manuales y recursos sobre bioseguridad, control de infecciones, gestión hospitalaria y salud ocupacional en el personal sanitario.

→ Sociedad Española de Enfermedades Infecciosas y Microbiología Clínica (SEIMC), de: <https://seimc.org/>.

> Portal con procedimientos técnicos, guías de bioseguridad y manuales sobre manipulación de agentes infecciosos en laboratorios clínicos.

→ Sociedad Española de Medicina Preventiva, Salud Pública e Higiene (SEMPSPH), de: <https://sempspgs.es/>.

> Sociedad científica que publica documentos técnicos y protocolos sobre seguridad del paciente, prevención de infecciones nosocomiales y riesgos laborales en centros sanitarios.

Legislación

→ Ley 23/2015, de 21 de julio, Ordenadora del Sistema de Inspección de Trabajo y Seguridad Social.

→ Ley 33/2011, de 4 de octubre, General de Salud Pública.

→ Ley 41/2002, de 14 de noviembre, básica reguladora de la autonomía del paciente y de derechos y obligaciones en materia de información y documentación clínica.

→ Ley 54/2003, de 12 de diciembre, de reforma del marco normativo de la prevención de riesgos laborales.

→ Ley 31/1995, de 8 de noviembre, de Prevención de Riesgos Laborales.

→ Real Decreto 665/2023, de 18 de julio, sobre Gestión de Residuos Sanitarios y Biológicos.

→ Real Decreto 286/2006, de 10 de marzo, sobre la protección de la salud y la seguridad de los trabajadores contra los riesgos relacionados con la exposición al ruido.

→ Real Decreto 604/2006 de 19 de mayo, por el que se modifican el Real Decreto 39/1997, de 17 de enero, por el que se aprueba el Reglamento de los Servicios de Prevención, y el Real Decreto 1627/1997, de 24 de octubre, por el que se establecen las disposiciones mínimas de seguridad y salud en las obras de construcción.

→ Real Decreto 1299/2006, de 10 de noviembre, por el que se aprueba el cuadro de enfermedades profesionales en el sistema de la Seguridad Social y se establecen criterios para su notificación y registro.

→ Real Decreto 337/2010 de 19 de marzo, por el que se modifican el R. D. 39/1997, de 17 de enero, por el que se aprueba el Reglamento de los Servicios de Prevención, el R. D. 1109/2007, de 24 de agosto, por el que se desarrolla la Ley 32/2006, de 18 de octubre, reguladora de la subcontratación en el sector de la Construcción y el R. D. 1627/1997, de 24 de octubre, por el que se establecen disposiciones mínimas de seguridad y salud en obras de construcción.

→ Real Decreto 39/1997, de 17 de enero, por el que se aprueba el Reglamento de los Servicios de Prevención.

→ Real Decreto 485/1997, de 14 de abril, sobre disposiciones mínimas en materia de señalización de seguridad y salud en el trabajo.

→ Real Decreto 486/1997, de 14 de abril, por el que se establecen las disposiciones mínimas de seguridad y salud en los lugares de trabajo.

→ Real Decreto 486/2010, de 23 de abril, sobre instalaciones de radiodiagnóstico médico.

→ Real Decreto 487/1997, de 14 de abril, sobre disposiciones mínimas de seguridad y salud relativas a la manipulación manual de cargas que entrañe riesgos, en particular dorsolumbares, para los trabajadores.

→ Real Decreto 664/1997, de 12 de mayo, sobre protección frente a riesgos derivados de la exposición a agentes biológicos.

→ Real Decreto 665/1997, de 12 de mayo, sobre protección frente a agentes cancerígenos, mutágenos o reprotóxicos.

→ Real Decreto 773/1997, de 30 de mayo, sobre disposiciones mínimas de seguridad y salud relativas a la utilización por los trabajadores de equipos de protección individual.

→ Orden de 16 de diciembre de 1987 por la que se establecen nuevos modelos para la notificación de accidentes de trabajo y se dan instrucciones para su cumplimentación y tramitación.